Estrategias positivas para manejar y
prevenir el comportamiento fuera de control de niños

NO MÁS
DERRUMBES

JED BAKER, Ph.D.

Prólogo por Carol Stock Kranowitz,
autora de *El Niño Desincronizado*

Todos los derechos de comercialización y
publicidad están garantizados y reservados por:

Para llamadas gratuitas: 800-489-0727

Teléfono: 817-277-0727

Fax: 817-277-2270

Sitio de web: www.FHautism.com E-mail: info@FHautism.com

ISBN 13: 978-1-949177-27-5

AGRADECIMIENTOS

Estoy muy agradecido a mis clientes y a mis propios hijos quienes, con su honestidad y hablando abiertamente, me han enseñado las lecciones descritas en este libro.

Además, varias personas ofrecieron sus valiosas sugerencias para crear el producto acabado. Mi amigo de tantos años, Steven Amsterdam, un consumado escritor él mismo, editó generosamente varias versiones del manuscrito. Mi esposa, una terapeuta y escritora de gran talento, que revisó el trabajo siempre que se lo pedí y que aguantó mis propios derrumbes. Carol Kranowitz, no sólo se ofreció amablemente a escribir el prefacio, sino que también me ayudó a encontrar el título del libro una noche después de que hiciésemos juntos una representación.

Mis más sinceros agradecimientos también a Wayne Gilpin, presidente de Future Horizons, que me ofreció la oportunidad para ayudarme con una clase de libro distinta. Y finalmente, pero no, por último, a Kelly Gilpin quien, bajo unas fechas topes demenciales, tuvo que transformar el manuscrito en un verdadero libro, con ediciones finales, una portada fascinante y un gran diseño.

iii

TABLA DE CONTENIDOS

Prefacio ix

Introducción xiii

El problema

Capítulo 1

Derrumbes: Cuando las recompensas y los castigos no son
suficientes 3

¿Qué es un derrumbe?
*El consejo normal para los padres: Empieza con normas y consecuencias
constantes*
*Los límites de la disciplina, cuando las recompensas y los castigos ya no
funcionan*
¿Pero los derrumbes no son sólo un comportamiento manipulador?
¿Podemos esperar realmente que no se produzcan más derrumbes?
Una visión general del modelo en cuatro etapas

Capítulo 2

¿De qué están formados los derrumbes? 13

Derrumbes con una respuesta de lucha, huida o inmovilización
Temperamento
Dificultades con el pensamiento abstracto y la toma de perspectiva
Falta de flexibilidad
Una combinación explosiva

La Solución

Capítulo 3

Aceptar y apreciar a nuestros hijos 25

Controlar nuestra propia frustración

Construir capacidades
Evitar la indefensión aprendida
La Norma 80/20
Anticipar la frustración como parte del aprendizaje
Cuando evitar las luchas de poder

Capítulo 4

Reducir la intesidad de un derrumbe 37

Distracciones
Cuando demasiada distracción puede empeorar las cosas
Ayudar a los niños a encontrar sus propias estrategias para calmarse
Pasos para crear estrategias de autorrelajación

Capítulo 5

Comprender el motivo por el cual ocurren los problemas
repetitivos 49

Entender los desencadenantes
El ABC del Comportamiento: Antecedente, Comportamiento, Consecuencia
Obteniendo los ABC: Entrevistas y Observaciones
Observar el patrón

Capítulo 6

Crear un plan de prevención 61

Componentes de un buen plan de prevención
Un plan de prevención para Kevin
Los cuatro tipos de situaciones de los derrumbes

Planes para los cuatro tipos de situaciones de los derrumbes

Capítulo 7

Peticiones 75

Haz tus deberes.
Pruébalo, es delicioso
¡Date prisa, el autobús se acerca!
Ordenar

TABLA DE CONTENIDOS

Vamos a la fiesta

Capítulo 8

Esperar 99

Sólo espera
No siempre puedes tener lo que quieres
De acuerdo, tiempo para dejar de jugar

Capítulo 9

Amenazas a la autoimagen 117

Ganar no lo es todo
Está bien cometer errores
Pero los apodos nunca te van a herir

Capítulo 10

Deseos de atención no satisfechos 135

No puedo jugar contigo ahora
No seas celoso
Es hora de acostarse

Capítulo 11

Pensamientos finales: Encontrar tu propio camino 155

Formulario del plan de prevención

Referencias 159

PREFACIO

Por Carol Kranowitz, M.A.,
Autora de *El Niño Desincronizado*

Un antiguo mito griego cuenta la historia de Sísifo, un rey que continuamente se enoja, se frustra, y desafía a su familia, a sus súbditos, sus invitados y a sus dioses. Siempre debe empujar a todos a su alrededor para estar en la parte superior. Nunca atiende a razones, ni usa el buen juicio ni obedece a los dioses. Su inadecuado comportamiento fue subiendo de tono hasta que hizo perder la paciencia a los dioses, y éstos decidieron darle una lección. El castigo era que, durante toda la eternidad, debía empujar una roca enorme hasta lo alto de una colina. Con gran esfuerzo, pudo empujar la piedra hasta la cima donde se cernía durante un nanosegundo y a continuación, de forma desesperante, se derrumba colina abajo. Para siempre, está condenado a perseguir la roca, cargársela al hombro, y empujarla hasta la cima de la colina.

Y así, una y otra vez.

En tu casa o clase, ¿conoces a alguien que sea como este rey mítico? ¿Alguien que te frustra o te irrita con una respuesta contraria a una petición normal (sal de la cama, coge sólo un trozo de zanahoria, pon las manos en los bolsillos)? ¿Y esta persona carece de las habilidades para cambiar su comportamiento? ¿Y tú tratas de halagarle o razonar con ella, y no aprovecharte? ¿Os quedáis los dos estancados en esta situación en la que no gana nadie? ¿Termina la situación con un derrumbe inevitable y un castigo estéril para ti?

¿O, te sientes como Sísifo? Cuando tus interacciones con tu hijo no son satisfactorias, quizá debas ser tú el que siempre parece estar empujando una "piedra" pesada, sin ningún motivo y para siempre. Puede que te sientas incapaz de cambiar el mismo ciclo viejo, muy viejo.

¿Deseas que alguien pudiera ayudarte a ti y a tu hijo a romper este ciclo, de forma que ambos pudierais llevar a la cima, y quedaros allí?

¡Venga, pues! ¡Este libro es para ti!

Jed Baker, en su excelente libro, nos da las herramientas para tratar y prevenir el comportamiento fuera de control. De forma sabia, nos conduce a los adultos hacia adelante para que entendamos cómo cambiar nuestro comportamiento para ayudar a nuestros hijos a cambiar los suyos.

El Dr. Baker enseña, con el ejemplo, y son historias que realmente nos emocionan.

Quizá conozcas a un niño como Kevin. Kevin malinterpreta y arremete contra sus compañeros cuando dicen que debe esperar para unirse a un juego. Todavía se enfada más cuando los adultos le explican que su interpretación de las intenciones de los demás niños no es exacta. Se enfada tanto que se derrumbe.

Jeff evita hacer sus deberes de primer grado. Tarda una hora para hacer un ejercicio de cinco minutos y hace que sus padres tengan que perseguirle por toda la casa antes de que se colapse en un derrumbe.

Sandy sólo come galletitas Goldfish. Se pasa todo el día sin comer si sus padres le retiran las galletitas. Al final del día, cuando se le termina la resistencia, cuando sus padres ya han llegado al final de la cuerda, Sandy se derrumbe.

Jared se mueve lentamente por la mañana. El halago de sus padres y las voces elevadas sólo consiguen que se mueva aún más lentamente. Ellos empujan, él se resiste y entonces (¡sin sorpresa!) viene un derrumbe.

¿Te suena familiar?

¡Un programa en cuatro etapas puede prevenir los derrumbes constantes y hacer la vida mucho más fácil! La primera etapa es aceptar y apreciar a tu hijo. Esos "tienes que" en la primera etapa son para controlar tu propio temperamento, crear una atmósfera en la que el niño se sienta competente y evitar las constantes luchas de poder.

La segunda etapa es para reducir la intensidad de un derrumbe con una distracción que estés muy seguro de que será del agrado del niño. La distracción puede ser un abrazo o sentarlo y hacerlo cabalgar en tus rodillas. El contacto físico y el movimiento divertido provocan la introducción de un alivio sensorial que puede que todos necesitéis para difuminar el derrumbe. Si un abrazo o un balanceo no funcionan, la distracción favorita puede ser un juguete, un buen chiste o una carta para un juego colectivo.

La tercera etapa es comprender porqué vuelven a producirse los derrumbes. Aprenderás el comportamiento "A,B,C": Antecedentes,

Comportamiento "Behavior" y Consecuencia, y determinarás los desencadenantes específicos de los derrumbes de tu hijo.

La cuarta etapa es crear unos planes lógicos para prevenir los derrumbes. Estos planes tienen tanto sentido que te preguntarás por qué no lo habías intentado más pronto. Por ejemplo, algunos niños se derrumben porque tienen una sobrecarga o "falta de carga" sensorial. Aquí encontrarás sugerencias sobre maneras de cambiar el nivel de estimulación sensorial que pueden contribuir al comportamiento fuera de control.

Aprenderás a crear un plan para alterar los desencadenantes específicos de los derrumbes de tu hijo. Esta aproximación proactiva explica cómo enseñar nuevas habilidades para preparar a los niños ante situaciones de desafío. Por ejemplo, Kevin aprendió con esta aproximación a esperar a unirse a un juego sin molestarse, cuando comprendió que sus compañeros no le estaban rechazando cuando le decían que necesitaba esperar.

Tengo un alto concepto de este libro. Habla con mucho sentido. Incluye estudios de casos atractivos de niños reconocibles. Incluye humor, en especial cuando el Dr. Baker revela cómo sus aproximaciones iniciales con clientes habían fracasado en ocasiones. Nos alienta a ser más conscientes y tener esperanza, de forma que podamos modelar el comportamiento positivo de nuestros hijos. Lo más importante de todo, está lleno de compasión por los jóvenes "gobernantes" que reinan en nuestras casas y aulas. Estos niños hacen todo lo posible por hacer frente. El Dr. Baker nos asegura que pueden y lo harán mucho mejor cuando sus padres y profesores arriman el hombreo, usando las estrategias que aquí se sugieren.

CAROL S. KRANOWITZ, M.A.
Bethesda, Maryland
Marzo 2008

INTRODUCCIÓN

Como muchos terapeutas, mi educación me condujo a mi profesión. La expresión emocional reinaba en mi infancia. No sólo recibí mi dosis diaria de amor y aprecio, sino también estuve rodeado de mucha ansiedad, frustración y arrebatos emocionales. En muchas formas, he pasado toda una vida tratando de estar conectado y gestionar las emociones de otras personas. Sin saberlo, he aprendido a estar calmado en una tormenta, a usar el humor y la distracción y cualquier otra forma para apaciguar los contratiempos.

Empecé mi carrera como psicólogo en un sistema escolar de una ciudad del interior, trabajando con niños a los que derivaban allí por problemas de comportamiento desafiante. De nuevo, me llamaron para apagar "fuegos emocionales" ya que mis jóvenes clientes a menudo estaban fuera de control en sus clases.

En mis nueve años allí, aprendí algunas lecciones cruciales que desde entonces me han acompañado. Primero, llegué a entender lo vital que es desarrollar una relación de confianza. Tantos adultos les habían fallado a esos niños con anterioridad, que no cabía duda de que poco iban a confiar en mí o en cualquier otro profesional contratado para ayudarles con su comportamiento. Estaba claro que tenía que ganarme su respeto antes de que pudiera ejercer alguna influencia sobre ellos. Tenía que ayudarles a sentirse cuidados y apreciados antes de que desearan cuidar de sí mismos.

Luego llego una segunda lección de frustración con mi trabajo en ese escenario. Me cansé de apagar constantemente los mismos fuegos una y otra vez. Parecía que podía calmar a los estudiantes cuando estaban enfadados, aunque continuaban teniendo los mismos problemas una y otra vez. Necesitaba una forma de prevenir los derrumbes en vez de continuar simplemente calmando la situación después de que se produjera el hecho.

En ese momento empecé a trabajar con estudiantes que sufrían trastornos del espectro autista. Empezamos a ver cada vez más autismo en las escuelas, en especial en jóvenes inteligentes que tenían grandes dificultades para adaptarse a los desafíos académicos y sociales de la escuela. Lo que se escribía sobre el autismo era distinto de las lecturas disponibles sobre cómo trabajar con mis alumnos "emocionalmente perturbados". De algún modo, los investigadores del autismo entendieron que los niños con autismo no tenían las habilidades para adaptarse con algunos de los desafíos académicos y sociales. Así, necesitábamos alterar las exigencias puestas en los niños y enseñarles habilidades para adaptarse a esos desafíos. Lo que estaba escrito sobre niños con trastornos emocionales asumía erróneamente que éstos a menudo sabían cómo comportarse, pero que simplemente no querían hacerlo, y por ello se pedía una "aproximación disciplinaria".

Sin duda, la disciplina es una parte importante de trabajar con todos los niños. Pero llegué a comprender una realidad importante que se extendía más allá de la disciplina simplista: Cuando el comportamiento problemático de los niños persiste a pesar de las normas y consecuencias, a menudo significa que no tienen las habilidades para adaptarse a situaciones desafiantes. Debemos cambiar dichas situaciones o enseñarles mejor las habilidades para adaptarse a ellas.

A medida que continuaba mi trabajo enseñando a estudiantes con el espectro autista a cómo manejarse con los desafíos, empecé a escribir las lecciones que les enseñaba. Esto se convirtió en cuatro libros sobre enseñanzas de habilidades sociales (Baker, 2002, 2002, 2005, 2006) Estaba claro que la aproximación de modificar las situaciones desafiantes y enseñarles habilidades de adaptación era útil, no solamente para personas autistas, sino también para todos los niños. Finalmente, fui contratado por otra escuela de distrito para supervisar el entrenamiento de habilidades sociales para todos los estudiantes, donde pude ver cómo esas estrategias habían prevenido que muchos tuvieran un derrumbe.

Desde luego, todos esos años de trabajo profesional no me podían preparar completamente para mis propios hijos. Como psicólogo, normalmente tengo un rato tranquilo para reflexionar sobre las necesidades de cada uno de mis clientes. Como padre, tengo que responder al comportamiento de mis hijos en plena noche, a primera hora de la mañana antes del café, y en público. Tengo que calmar a mis hijos, enseñarles habilidades, modificar exigencias y quererlos tan completamente como lo hago—todo mientras trato de vivir mi propia vida. Son mis propios hijos, más que cualquier otra cosa, los que me inspiraron a escribir este libro para proporcionar a los padres una breve guía de referencia para ayudarles a entender y gestionar algunos de los momentos más desafiantes con nuestros hijos.

Recurriendo a técnicas durante años sobre la investigación aplicada para motivar a niños y gestionar el comportamiento desafiante, este libro proporciona las herramientas para ayudarnos:

+ Aceptar y apreciar a nuestros hijos de forma que podamos mantener una relación positiva con ellos.
+ Aprender cómo calmar a nuestros hijos para que no nos sintamos indefensos cuando su comportamiento suba que nivel y se descontrole.
+ Crear unos planes de prevención para problemas repetitivos de forma que podamos evitar futuros derrumbes.

EL PROBLEMA

1

DERRUMBES:
Cuando las recompensas y los castigos no son suficientes

¿Qué es un derrumbe?

La familia de un niño de primer grado vino a verme porque estaban preocupados por su hijo. Había tenido un año de kinder desafiante. La escuela le describía como un niño brillante con arrebatos impredecibles. Me entrevisté con su madre a solas para tener una información de fondo sobre el niño. Me explicó lo amable que era, aunque era un incomprendido por todos los de la escuela. A la semana siguiente la señora me lo trajo para verle.

Entró en la sala de espera con un juego de video GameBoy en la mano. Le dije en un tono alegre, "Hola Chris, un placer conocerte".

No levantó la vista hacia mí ni me respondió, sólo continuó con su GameBoy. Sabía por su historial que podía oírme. Traté de ganármelo, "¿Qué es eso Chris? ¿Un GameBoy? "Puedo verlo?" Ninguna respuesta. Le di je "¿Podemos hablar un momento, puedes traer tu GameBoy contigo?" Ninguna respuesta.

Me volví hacia la madre y le pregunté qué hacía normalmente cuando esto ocurre. Dijo en voz alta, que debería quitarle el GameBoy. Le dije, tratando de ser positivo, "Espera, no hagas eso. Chris, por qué no traes tu GameBoy contigo" Entonces se puso los dedos en los oídos mientras yo hablaba y dijo, "no, no, no", ignorándome.

Me sentí bastante indefenso, tanto como lo había estado la noche anterior con mis propios hijos cuando ignoraron mis esfuerzos por llevarlos a la cama. Esto no estaba bien. Empecé a pensar si sería más fácil trabajar con adultos, y dejar que el resto de mi equipo trabajase con los niños. Sin embargo, intenté otra cosa más. Me quité un zapato, me puse un lápiz entre el labio y la nariz y hablé dentro del zapato, "Chris, hola Chris, estás aquí?" Vi que sonreía. Sin decir una palabra, me siguió a mi despacho.

Sabía que todavía no estábamos libres como en casa, aún, visto nuestro tambaleante comienzo. Decidí incorporar rápidamente un programa de pequeñas recompensas para que estuviera de mejor humor. Su madre me dijo que le gustaba el chocolate así que le dije, "cada vez que hables conmigo te daré uno de estos dólares de mentira y cuando tengas cinco de estos, puedes coger cualquiera de mis chocolates de la bolsa de allí". Empecé haciéndole preguntas que no le intimidaran, como cuál era el nombre de su padre, el de sus hermanos, etc. Al cabo de un minuto se ganó cinco dólares de mentira. Le dije, "Mira cuantos tienes: 1, 2, 3,4, 5. Ve, puedes coger cualquiera de los chocolates que te gusten. "En este punto, miró de soslayo con una mirada enfadada, gateó bajo mi escritorio, tiró mi silla, y empezó a golpear su codo en la pared de yeso de mi oficina lo suficientemente fuerte como para hacer un agujero. No me respondió cuando empezó a destruir mi oficina. Se trató de un derrumbe en toda regla, de la misma clase que las que vieron en la escuela cuando llegó al primer grado. ¿Este niño sólo necesitaba una disciplina más firme? ¿Era un recuerdo de la falta de disciplina en casa o en la escuela? Según lo que me contaron, tanto en la escuela como en casa le habían ofrecido recompensas y repartidos castigos a este niño con mucha frecuencia. Los temores de su madre acerca de más castigos después de la sesión, ciertamente no le calmaron. Una serie de embarazosas danzas de hula-hop que realicé fueron suficientes para hacerle reír de nuevo y calmarse, pero la pregunta seguía allí: ¿por qué pasaba, y pasaría de nuevo?

Su madre me dio la clave de lo que podía haber pasado. El luchaba en la escuela con la suma de números y, como pensé que yo le estaba recompensando cuando le dije, "mira cuantos dólares tienes", pensó, "Este tipo está haciendo matemáticas", como si le pidiera que luchara o huyera de su temor. Estos momentos desafiantes son extenuantes para todos. Esos momentos pueden implicar cualquier tipo de comportamientos molestos que son difíciles de controlar, como dando patadas y gritar, rehusar escuchar, agresiones físicas lenguaje soez.

Desde mi punto de vista:

"Los Derrumbes" aumentan las reacciones emocionales negativas.

El consejo normal para los padres: Empieza con Normas y Consecuencias Constantes

La mayoría de los libros para los padres nos dicen que necesitamos crear normas y ser constantes en llevarlas a cabo. Según este sencillo consejo, necesitamos controlar nuestros temperamentos y de forma calmada seguir con las normas que nosotros mismos hemos establecido si queremos que nuestros hijos se comporten. No solo es difícil estar calmado ante los derrumbes, sino que seguir con las normas y consecuencias no siempre es suficiente, como pronto podremos examinar. No obstante, crear normas y consecuencias es un punto de partida importante, y el consejo merece repetirse aquí.

La mayoría de nosotros entendemos que los niños necesitan estructuras y disciplina para que les ayuden a aprender y a comportarse. Establecemos normas para que sepan lo que se espera. Tenemos consecuencias, tanto en forma de recompensa como de castigo, para dejar claro la importancia de seguir dichas normas. Sin normas y consecuencias, nuestras vidas serían un caos.

Una familia con la que trabajé se quejaba de la dificultad que tenían para que sus dos hijos cenaran con ellos en la mesa. Después de alguna discusión, reconocieron que sus normas sobre cenar no habían sido claras ni constantes durante algún tiempo. Si ambos padres estaban cansados después de trabajar hasta tarde, a veces se rendían de dejaban que los niños comieran delante del televisor. Entonces, cuando querían que todos comieran juntos, se convertía en una batalla hacer que se sentaran a la mesa. Con un poco de persuasión, acordaron hacer que comieran juntos en la mesa como una norma constante. La consecuencia positiva de seguir la norma fue ver un poco de televisión más tarde. Si los niños violaban esa norma, no había televisión después. Esta constancia trajo orden a su casa después de dos días, durante los cuales los niños probaron la nueva norma. Un triunfo para la estructura y disciplina vieja y buena.

Los límites de la disciplina, cuando las recompensas y los castigos ya no funcionan

A veces, cuando no se siguen nuestras normas, intensificamos nuestros esfuerzos disciplinarios ofreciendo aún más consecuencias. Volvamos a Chris, nuestro niño de primer grado. Un día no quiso hacer sus deberes en clase. La profesora le dijo que no podría salir al patio a menos que terminara los deberes. Se enfadó y tiró la silla. Entonces ella le dijo que tenía que ir al despacho del director y el respondió diciéndole que la odiaba. El director le amonestó por su comportamiento y le dijo que no tendría permiso para salir al patio durante dos días. Chris se enfadó tanto que trató de salir del edificio del colegio. Como resultado, fue suspendido. Cuando volvió al colegio, otra vez empezó a no querer hacer sus deberes y el ciclo volvió a empezar.

Otro ejemplo, un niño de siete años con el que trabajé tenía problemas para sentarse a la mesa durante la cena y se levantaba con frecuencia, a veces jugaba con la comida y, a veces, tiraba la comida. Sus padres le decían que siguiera las normas de permanecer sentado y comerse la comida, lo que le daría uno de sus postres favoritos y tiempo para ver la televisión, pero incluso después de perderse el poder ver la televisión y el postre, el comportamiento molesto continuaba. Tirar la comida traía como consecuencia ser enviado a tiempo muerto. Después de volver del tiempo muerto el patrón continuaba de nuevo, y entonces se volvía al tiempo muerto durante más rato. Cuando lo hizo por tercera vez, sus padres le retiraron uno de sus juguetes favoritos. Nada parecía alterar su comportamiento. Ciertamente esto añadía estrés a la vida familiar y dejaba a sus padres preguntándose uno a otro acerca de los estilos de disciplina.

Esta clase de lucha de poder y aumentar la disciplina está bien si conduce a un cambio positivo en el comportamiento. Pero si no es así, no sirve de nada continuar en este sentido. Demasiado a menudo oigo adultos en estas situaciones decir que el niño sólo está malcriado, o que sólo necesita mano firme.

Cuando las recompensas y castigos constantes no funcionan, es hora de probar una nueva estrategia.

¿Pero los derrumbes no son sólo un comportamiento manipulador?

Algunas personas distinguen entre derrumbes y berrinches, sugiriendo que los derrumbes siempre están fuera de control mientras que los berrinches pueden ser comportamientos manipuladores intencionados. Volviendo al ejemplo de Chris, que se derrumbó en mi despacho y en el colegio, podríamos preguntarnos si su comportamiento estaba dentro de su control. ¿Planeó "actuar" conmigo para que no tuviera que ir a terapia? ¿Hizo berrinches intencionadamente en el colegio para que lo echaran de clase porque no quería hacer sus deberes, o eran reacciones emocionales que le ocurrían cuando estaba frustrado?

El tema de la intencionalidad a menudo se ve como crucial a la hora de considerar si hay que castigar o no a alguien. Si pensamos que se trata de un acto de manipulación, nos sentimos más seguros siguiendo con la aplicación de la norma. "¡Harás los deberes o te perderás el recreo!" Si, por otra parte, pensamos que el comportamiento es una reacción emocional incontrolable, podemos más bien ceder: "Ok, ahora vamos a hacer una pausa de los deberes." Mantenerse firmes a las normas o ceder son las dos únicas elecciones. La tercera elección es entender el problema para que podamos crear un plan para prevenir que pase. Para Chris, el plan puede ser alterar el trabajo de forma que no necesite evitarlo.

Cuando los comportamientos desafiantes continúan a pesar de llevar a cabo las normas de forma constante, no importa ya si el comportamiento es intencional. Necesitamos entender cómo alterar los desencadenantes de estos comportamientos y/o enseñar mejores formas de manejar estos desencadenantes.

De eso es de lo que trata este libro. Cuando la disciplina tradicional (usando recompensas y castigos) se ha quedado corta, necesitas saber qué hacer. Si estás leyendo este libro, hay posibilidades porque algunos comportamientos desafiantes continúan sucediendo a pesar de tus esfuerzos. Este libro te da las herramientas para: (1) Aceptar y amar a tu hijo, incluso cuando te vuelve loco, (2) calmar un derrumbe al instante, y (3) Desarrollar estrategias para prevenir futuros derrumbes.

¿Podemos esperar realmente que no se produzcan más derrumbes?

Si pudiéramos controlar el mundo, podríamos garantizar que no se producirían más derrumbes. A los niños ya no se les pediría que hicieran cosas más allá de sus capacidades. Ya no tendrían que esperar demasiado por lo que quieren. Ya no estarían abrumados por ruidos u otros acontecimientos estimulantes. Nos aseguraríamos de que tuvieron tiempo suficiente para prepararse para las situaciones desafiantes. Podríamos controlar gérmenes y dormir para que no se produjeran más enfermedades o estuvieran demasiado cansados y asegurarnos de que nuestros hijos estarían en la mejor forma posible para manejar el estrés del día. Como no podemos controlarlo todo, tendremos derrumbes. No obstante, entendiendo lo que causa un derrumbe, podemos tener cada vez menos momentos y reducir el estrés en nuestras vidas. Las páginas siguientes señalan un modelo en cuatro etapas para gestionar y prevenir los derrumbes y otros arrebatos de comportamiento. El modelo se basa en investigar las causas de dichos arrebatos y las técnicas basadas en la evidencia para reducir los momentos desafiantes.

Una visión general del modelo en cuatro etapas

Etapa 1: Aceptar y apreciar a tu hijo

Dos de los padres pueden reaccionar de la misma manera ante el comportamiento de un niño, pero uno de ellos puede hacer que el niño se comporte, mejor que el otro, por su reciente relación positiva. Muchas veces en un sistema escolar he tenido administradores diciéndome que no pueden imponer disciplina en ciertos niños y deben dejarlo para otro miembro en quien el niño confiara.

Mantener una relación positiva es muy parecido a gestionar nuestras expectativas y percepciones de nuestros hijos. Debemos amar lo que el niño es en vez de forzarle a satisfacer unas expectativas que no son realistas. Por ejemplo, un padre recientemente me comentó haber dado a su hija de un año un "tiempo muerto" porque estaba meciéndose demasiado en su silla y balbuceando demasiado alto. Esto es lo que hace una criatura de un año, intentar que un bebé de un año esté perfectamente quieto y no se mueva no es una expectativa realista. Los esfuerzos para hacer cumplir normas que no son adecuados para tu hijo puede romper la relación entre el niño y el adulto y crear más estrés. Cuando los niños sienten que los aceptamos y queremos, están más dispuestos a escucharnos.

El capítulo 3 describe las siguientes formas clave en las que podemos gestionar nuestras expectativas para mantener una relación sana con nuestros hijos.

1. Primero, debemos ser capaces de controlar nuestro temperamento. Esto es más fácil cuando no vemos el comportamiento del niño como una amenaza a nuestra competencia, sino como una función de la incapacidad normal del niño por gestionar la frustración.
2. Segundo, para reducir la frustración del niño debemos crear una atmósfera en la que éste se sienta competente. Si siempre hemos criticado al niño, empezará a desconectar de nosotros en un esfuerzo por proteger su autoestima. Muchos elogios y hacer actividades en las que puedan tener éxito ayuda a construir un sentido de competencia y confianza en el cuidador adulto.
3. Finalmente, debemos evitar las luchas de poder constantes. Cuando los niños no siguen constantemente una norma en particular, puede que sea hora de cambiarla en vez de forzarles a cumplirla. Todos los niños son distintos, así que las mismas expectativas exactas no se aplican a todos los niños.

Etapa 2: Reducir la intensidad de un derrumbe.

Puesto que el mundo es impredecible, no podremos planificar cada cosa y habrá momentos en los que nuestros hijos tengan un derrumbe. Quizá llevemos a nuestros hijos a una tienda de juguetes para buscar uno como regalo de cumpleaños de un amigo suyo. No hemos pensado en prepararlos para el hecho de que no íbamos a comprarles un regalo a ellos también. Entonces, nuestros hijos ven algo que quieren y les decimos que no pueden tenerlo. Ahora es cuando se producen los gritos y los arrebatos en público. La gente está observando y nos sentimos juzgados y avergonzados, lo que nos irrita todavía más, así que levantamos la voz a nuestros hijos, lo que aumenta más la situación. Ahora tenemos una escena real. Podríamos tan solo salir fuera, llevándonos a nuestro hijo con nosotros. ¿Pero existe una forma menos estresante de manejar esto?

¿Qué herramientas tenemos para bajar el nivel de esta clase de situación? ¿Cómo podemos manejar un derrumbe emocional inesperado? En el Capítulo 4 veremos el arte de la distracción para bajar el nivel de un derrumbe que no pudimos prevenir. Aunque se trata de una habilidad crucial de gestión de crisis, no queremos tener que utilizarla demasiado a menudo. Sería mucho más productivo aprender cómo anticiparse a situaciones que puedan desencadenar derrumbes y desarrollar un plan para prevenir que éstos ocurran. Esto es de lo que trata la Etapa 3.

Etapa 3: Entender por qué siguen ocurriendo los derrumbes

Cuando un niño sigue sufriendo derrumbes, debemos empezar a reflexionar porqué está sucediendo. Debemos valorar si hay algo predictivo acerca del comportamiento desafiante, si ciertos tipos de sucesos tienden a desencadenarlos, y si las formas de reaccionar de los demás hacen posible este problema. Comprender por qué ocurre en derrumbes es clave para desarrollar planes para prevenirlos. Una vez vemos emerger un patrón, y podemos predecir los derrumbes, podemos empezar a desarrollar estrategias para prevenirlos.

El Capítulo 5 muestra un método para valorar el motivo por el que continuamos teniendo los mismos derrumbes en ciertas situaciones. Este proceso tiene un nombre oficial en los escritos conductuales. Valoración Conductual Funcional

Etapa 4: Crear planes para prevenir los derrumbes

Una vez entendemos por qué se produce un derrumbe en una situación en particular, podemos crear un plan para prevenirlo. El Capítulo 6 describe los componentes de un buen plan de prevención, que de forma típica implicaría cuatro zonas de intervención:

+ Cambios en las situaciones que desencadenan los derrumbes-
+ Enseñar habilidades para manejar las situaciones desencadenantes.
+ Usar recompensas o pérdidas.
+ Estrategias basadas en la biología.

Resumen del capítulo

+ Todos los niños necesitan disciplina: las normas y consecuencias claras les proporcionan orden a sus vidas.

+ Cuando las normas y consecuencias coherentes no funcionan para alterar el comportamiento, y siguen sufriendo derrumbes, necesitamos reflejar el motivo por el que ocurren dichos derrumbes.

+ Un modelo de cuatro etapas para gestionar y prevenir los derrumbes implica:

1. Gestionar nuestras propias expectativas sobre nuestros hijos de forma que podamos:

   - Controlar nuestro temperamento
   - Crear un sentido de competencia en nuestros hijos
   - Evitar constantes luchas de poder

2. Aprender estrategias para calmar un derrumbe en el momento que ocurre.

3. Entender por qué ocurren los derrumbes

4. Crear planes para prevenir futuros derrumbes

2

¿DE QUÉ ESTÁN FORMADOS LOS DERRUMBES?

Los derrumbes son comportamientos anormales. A una cierta edad, todos tenemos derrumbes. El autocontrol es algo que se desarrolla con la edad, como los bebés y preescolares tienen falta de autocontrol y se espera de ellos que sufran algún derrumbe. Aun así, existen características que hacen que ciertas personas sean más proclives al derrumbe que sus compañeros.

Derrumbes con una respuesta de lucha, huida o inmovilización

Cuando nos sentimos extremadamente amenazados todos tendemos a reaccionar automáticamente con una respuesta emocionalmente intensa de lucha, huida o inmovilización, como si nuestra vida dependiera de ello. Este modo de respuesta de supervivencia encaja en muchos sentidos en la definición de un derrumbe. Daniel Goleman, en su libro titulado Inteligencia Emocional, se refiere a estos momentos como un estado de ser "secuestrado por las emociones" (Goleman, 1995). Es como si el centro de las emociones se hubiera apoderado del resto del cerebro, de forma que no tenemos fácil acceso a nuestra capacidad de razonamiento.

Algunas personas se refieren a ello como el cerebro de "cocodrilo" o "reptiliano" que se apodera. El cerebro humano tiene ambos residuos del antiguo cerebro reptiliano (en particular el sistema límbico), que controla la "respuesta de lucha-huida" y el más nuevo, la parte humana de nuestro cerebro llamado neocórtex, que está asociado con la capacidad de planificación y razonamiento. Cuando estamos amenazados, nuestro cerebro reptiliano puede hacer que huyamos, luchemos o nos quedemos quietos sin que intervenga el córtex cerebral (es decir, sin la capacidad de razonar o pensar acerca de lo que estamos haciendo). Esta respuesta rápida, sin pensar, tiene realmente un valor de supervivencia, pero en un mundo en el que las amenazas que percibimos no siempre son amenazas para nuestra vida, la respuesta de lucha, huida o inmovilidad pueden dar lugar a derrumbes innecesarios, lo que nos conduce a sentirnos molestos de forma automática, cuando el tener una mente fría podría haber sido más efectiva.

Goleman (1995) apunta a las dificultades de tratar de razonar con alguien durante un secuestro emocional, y describe cómo la distracción puede hacer alejar la atención individual del acontecimiento desencadenante hasta que esta persona está calmada. Volveré sobre este tema de la distracción en el Capítulo 4. Reducir la intensidad de un derrumbe.

Un centro emocional hiperactivo

Aunque alguien puede sufrir un derrumbe, ciertas características pueden estar asociadas con un sistema límbico mal regulado, lo que conduce a un control más difícil de las emociones. Entre estas, se incluye un temperamento difícil, un trastorno de déficit de atención e hiperactividad (ADHD), dolor crónico y dificultades para dormir. Todos ellos están asociados con mayor irritabilidad y reacción emocional. Observaremos a la búsqueda de las diferencias de temperamento momentáneamente.

Características que hacen el entorno más amenazador

Además de estar emocionalmente más reactivo, ciertas dificultades pueden hacer que parezca más como si uno estuviera amenazado por lo que muchos lo verían como acontecimientos inofensivos. Los desafíos sensoriales (por ejemplo, sensibilidad al ruido, a la luz, al tacto, al olor y al gusto) o dificultades para integrar todas estas entradas sensoriales, tal como sucede en un trastorno de procesamiento sensorial, puede parecer que los acontecimientos aparentemente inocuos se perciban como una amenaza a nuestra supervivencia (véase Kranowitz 2006 para más información sobre trastornos de procesamiento sensorial). Las dificultades motoras, en especial problemas del habla, también hacen que parezca más amenazador ya que es más difícil comunicar nuestras necesidades. Del mismo modo, las dificultades con el pensamiento abstracto, tomar perspectiva y la falta de flexibilidad pueden hacer que los acontecimientos inesperados parezcan amenazas importantes para nuestra integridad. Sin la flexibilidad cognitiva para entender y procesar acontecimientos nuevos o desafiantes, muchas personas sufrirán un derrumbe.

En las secciones siguientes examinaremos con más detalle cómo ciertas diferencias temperamentales, problemas con el pensamiento abstracto, la toma de perspectiva y la falta de flexibilidad puede aumentar el problema potencial de los derrumbes.

Temperamento

Estudios a largo plazo durante toda la infancia muestran que ciertas personas nacen con un temperamento más difícil, uno que está asociado con mayores reacciones emocionales negativas ante nuevas situaciones, incluidos berrinches o derrumbes cuando se frustran. Thomas and Chess (1977) en sus estudios famosos actualmente sobre recién nacidos, examinaron nueve dimensiones clave del comportamiento:

1. Nivel de actividad
2. Ritmo (es decir, programación de comida, sueño y hacer las necesidades)
3. Patrones de aproximación/rechazo
4. Adaptabilidad
5. Umbral de respuesta
6. Intensidad de reacción
7. Cualidad de estado de ánimo
8. Capacidad de distracción
9. Capacidad de atención y persistencia

Basándose en estas nueve dimensiones, fueron capaces de caracterizar alrededor de un 60% de niños en una de las tres categorías y mostrar que estos patrones de comportamiento eran a menudo bastante estables con el paso del tiempo. La primera categoría es el "niño fácil", que puede aceptar la frustración con menos agitación y mantener un humor más positivo y adaptarse más fácilmente al cambio. La segunda es el "niño difícil", que muestra una respuesta más negativa a las situaciones nuevas y que llora y hace rabietas cuando se frustra. La última es el "niño lento para tener confianza o sentirse confortable", el que al principio muestra una reacción negativa a nuevas situaciones, aunque se va adaptando gradualmente cuanto más se expone a estas situaciones.

Tanto el "niño difícil" como el "niño lento para tener confianza o sentirse confortable" "es más probable que sean propensos a derrumbes. Y aunque estos patrones parecen ser características estables con el paso del tiempo, la respuesta de los padres puede alterar el temperamento de un niño. Por ejemplo, el trabajo realizado por Kagan (1992) muestra que los jóvenes tímidos a los que se les alienta amablemente a ser más abiertos por sus padres, y así se exponen de forma gradual a situaciones nuevas, se vuelven menos miedosos.

Aunque tener un temperamento difícil no significa que tengamos un "trastorno de comportamiento", ciertos trastornos de comportamiento van asociados a mayores niveles de frustración. Los niños con un trastorno de déficit de atención e hiperactividad (ADHD) y algunos trastornos del humor como el trastorno bipolar, pueden ser más impulsivos y menos capaces de controlar sus reacciones emocionales. Además, las personas con trastornos del espectro autista, trastorno de procesamiento sensorial y trastornos de ansiedad tales como trastornos obsesivo-compulsivos, pueden ser grandes desafíos al gestionar situaciones nuevas y prefieren rutinas repetitivas. Ahora vamos a examinar cómo los problemas con el pensamiento abstracto, la toma de perspectiva y la falta de flexibilidad también conducen a gestionar con dificultades los acontecimientos inesperados.

Dificultades con el pensamiento abstracto y la toma de perspectiva

¿Qué es el pensamiento abstracto? Es la capacidad de imaginar lo que no se percibe directamente por los sentidos.

Tomemos, por ejemplo, una interacción que tuve una vez con un brillante adolescente que tenía buenos resultados académicos, pero tenía dificultades a veces para relacionarse con los demás, en especial asimilando el punto de vista de otros. Le dije al chico, "los perros no pueden volar". Dijo, "Los perros no pueden volar". Yo repetí, "Pero imagina que pudieran". Reiteró, "Los perros no pueden volar". Cuando dije, "Imagina que tienen alas y pueden volar", empezó a enfadarse conmigo, insistiendo que los perros no tienen alas y no pueden volar.

Esta escena era difícil de imaginar por parte del chico porque no existía; no hay perros que vuelen. Para imaginarlo, la parte de tu cerebro que tiene el conocimiento de los perros debe interactuar con la parte del cerebro que sabe acerca de criaturas voladoras para construir la noción abstracta de un perro volador. A pesar de su buena capacidad intelectual, tenía problemas para imaginar conceptos abstractos. En el colegio sobresalía en tareas de memorización y tenía una amplia cantidad de conocimiento de hechos, aunque luchaba por comprender los conceptos abstractos e imaginarios.

Cuando tenemos desafíos con pensamientos abstractos, puede ser difícil comprender la perspectiva de otra persona. Hay que imaginar lo que otras personas piensan y sienten. Eso puede que no se produzca de forma natural para ciertas personas.

Hay investigaciones sobre la función de las células cerebrales llamadas neuronas espejo, que afectan a una capacidad de las personas para empatizar y comprender lo que sienten los demás (Oberman, Hubbard, McCleery, Altschuler, Pineda and Ramachandran, 2005). Las neuronas espejo funcionan de este modo. Si yo viera una persona comiendo patatas fritas, esta entrada visual me enviaría un mensaje a mis neuronas espejo, que entonces enviarían un mensaje a mis músculos maseteros y harían que actuara como si estuviera masticando las patatas fritas con la otra persona. La activación a mi músculo masetero sería difícil de detectar a simple vista, pero, sin embargo, realmente estaría sintiendo lo que los demás sienten porque yo, en esencia, estaría imitando a mi cerebro. Esto es empatía: sentir lo que sienten los demás.

Hay estudios que indican que algunas personas (en especial con trastornos del espectro autista) que tienen dificultades con el funcionamiento de sus neuronas espejo (Oberman et al., 2005) El efecto es que tendrán dificultad entendiendo las perspectivas de los demás.

La mayoría de nosotros intentamos entender las perspectivas de los demás en todo momento. Esto es lo que nos ayuda a socializar de forma agradable con los demás. Sabemos cuándo hemos hablado demasiado porque podemos sentir el aburrimiento de los demás. Sabemos cuándo herimos los sentimientos de los demás porque sentimos el dolor nosotros, lo que nos hace parar.

Cuando tener perspectiva no se produce de forma natural, es más probable que haga que interpretemos mal a los demás, lo que conduce a mayores frustraciones y derrumbes.

Una vez tuve un cliente de once años que, además de tener dificultades para comprender los sentimientos de los demás, a menudo malinterpretaba las miradas o comentarios de sus compañeros, y los veía como una amenaza. Si otros niños le miran porque ha levantado la mano para contestar a una pregunta en clase, pensaba que se le quedaban mirando fijamente y les chillaba para que dejaran de mirarlo. De forma similar, si otros le decían "hola" en el pasillo, sentía que se burlaban de él y les gritaba o les empujaba y luego corría a esconderse debajo de una silla. Sus malinterpretaciones le conducían a muchos derrumbes. Con instrucciones cuidadosas de cómo le miraban los chicos y le saludaban, fue capaz de sentirse más seguro y no sobre reaccionar.

Falta de flexibilidad

Muchas personas pueden ser bastante inflexibles sobre cómo gestionar los desafíos de la vida diaria. Esto puede ser debido en parte al problema del pensamiento abstracto, tal como hemos descrito anteriormente. Cuando es difícil utilizar la imaginación, se vuelve más difícil resolver nuevos problemas y la probabilidad de frustrarse aumenta, lo que puede conducir a derrumbes. Ciertas capacidades de aprendizaje, trastornos del espectro autista, y tipos de deficiencia cognitiva están asociados con esta falta de flexibilidad.

Cuando es difícil utilizar la imaginación, se vuelve más difícil resolver nuevos problemas y la probabilidad de frustrarse aumenta, lo que puede conducir a derrumbes.

El tema de mi propia flexibilidad surge cada vez que tomo direcciones al conducir desde un servicio por internet. Aunque tengo las direcciones detalladas, paso a paso de cómo llegar a mi destino, un 75% de las veces creo que me dice que gire hacia calles que no existen. Si tenía dificultades con el pensamiento abstracto, me quedaba parado en un sitio. Sería difícil imaginar qué hacer a continuación si no estaba en direcciones escritas y mi frustración crecía, quizá hasta el punto de un derrumbe. Con el pensamiento abstracto intacto, podría pensar para pedir las direcciones. Para aquellos que no pueden tener una lluvia de soluciones para nuevos problemas, es crucial proporcionar alguna preparación para anticipar acontecimientos anticipados desafiantes. Por ejemplo, si me das una dirección a la hora de conducir, dame también tu número de móvil y recuérdame que te llame si me pierdo. Esta clase de preparación, para lo desconocido, es precisamente el avance de un buen plan de prevención: proporcionar a alguien opciones para evitar que, de otro modo, puedan disparar un derrumbe.

Una combinación explosiva

Imagina personas que tienen un temperamento difícil, son inflexibles y luchan por comprender los puntos de vista de los demás. Llegan a nuevas situaciones que son confusas, y no tienen las habilidades de resolución de problemas para gestionarlas. Entonces se enfadan mucho, como si se produjera una situación amenazante para sus vidas. Esta combinación de reactividad emocional y falta de capacidad para resolver problemas es una ecuación para derrumbes múltiples. Estas personas se enfrentan continuamente a acontecimientos problemáticos y no pueden con ellos.

Para conducir estas dificultades debemos ayudar a los niños a:

+ Encontrar formas de calmarse si no se puede prevenir un derrumbe (véase Capitulo 4: Reducir la intensidad de un derrumbe) y

+ Evitar otros derrumbes anticipando y preparándose para los acontecimientos que los desencadenan.

Resumen del capítulo

+ Subrayar los problemas asociados con una alta probabilidad de derrumbes incluye:

  – Un temperamento difícil y problemas asociados con reactividad emocional (como ADHD, Trastornos de humor, trastorno de procesamiento sensorial, dolor crónico y dificultades para dormir

  – Dificultades con el pensamiento abstracto y perspectiva

  – Solventando problemas de rigidez y falta de flexibilidad.

+ La combinación de estos tres crea la mayor probabilidad para derrumbes.

LA SOLUCIÓN

3

ACEPTAR Y APRECIAR A NUESTROS HIJOS

Un fantástico ensayo escrito por Emily Perl Kingsley (1987) describe la experiencia de educar a un niño. Cuenta que tener un niño es como planear unas vacaciones especiales en un lugar bonito, como Italia. Tu estudias italiano y planificas todos los lugares famosos que visitarás cuando estés en Italia. Al final, cuando ese día llega y estás en el avión, descubres que en realidad este avión va a Holanda. No te lo puedes creer, después de todos los planes, las líneas aéreas te han desviado.

Oíste que todos hablaban de sus grandes viajes a Italia y te sientes tremendamente decepcionado. Sin embargo, descubres que Holanda no es un lugar tan malo, sólo que no es lo que esperabas. Y ahora estás atareado intentando descubrir todo lo que Holanda puede ofrecerte. Si, en vez de eso, continúas pasando todo el tiempo deseando estar en Italia, nunca apreciarás completamente las maravillas de Holanda.

Este ensayo habla de la importancia de ajustar nuestras expectativas como padres de forma que podamos amar y aceptar verdaderamente a nuestros hijos. Sólo en el concepto de aceptación podremos ayudar a nuestros hijos a forzarse y a aprender nuevas habilidades.

Hay un paralelismo en el campo de la psicoterapia. En una revisión reciente de 25 años sobre investigaciones del comienzo de la psicoterapia, Lebow (2007) concluye que pese al tipo de estrategias terapéuticas que se utilicen, la mayoría de las psicoterapias pueden ser efectivas sólo cuando hay un relación fuerte y positiva entre el cliente y el terapeuta. Alguno de los factores cruciales que contribuyen a una relación positiva son la aceptación, la calidez, el cuidado y generar esperanza o expectativas positivas.

¿Cómo ajustamos nuestras expectativas para que podamos desarrollar y mantener una relación positiva con nuestros hijos? A continuación, se describen tres temas clave: Debemos:

+ Ser capaces de controlar nuestra frustración antes de poder reducir la frustración de nuestros hijos.

+ Ayudar a nuestros hijos a sentirse competentes con nosotros y evitar "la indefensión aprendida."

+ Evitar constantes luchas de poder

Controlar nuestra propia frustración

Primero debemos ser capaces de hacer por nosotros lo que necesitamos hacer por nuestros hijos. Necesitamos controlar nuestras propias reacciones hacia los comportamientos desafiantes de nuestros hijos. Expresar ira contantemente hacia nuestros hijos por comportamientos de los que aún no tienen las herramientas para gestionarlos sólo destruye la relación. La diferencia entre estar un poco irritado a completamente iracundos por el comportamiento de nuestros hijos tiene que ver con lo bien que hagamos tres cosas:

+ Esperar comportamientos desafiantes por parte de nuestros hijos como parte de su desarrollo normal. Cuando esperamos un comportamiento perfecto, nos ponemos a nosotros mismos en modo de ira, en vez de ligeramente preocupados por el comportamiento de nuestros hijos.

+ No veamos las acciones de nuestros hijos como desafíos a nuestra propia competencia, sino reconozcámoslo como una función de su incapacidad para hacer frente a la frustración. De forma alternativa, si nos lo tomamos como algo personal, nuestro malestar con nosotros mismo aumenta nuestra ira hacia nuestros hijos.

+ Comprender que los comportamientos desafiantes son temporales hasta que podamos averiguar mejores maneras de gestionar y prevenir estas situaciones difíciles. Si lo vemos como un problema sin fin, seguramente estaremos más enfadados.

Todos los métodos que usamos para ayudar a nuestros hijos a reducir su frustración también son métodos que debemos usar para nosotros mismos, sino terminaremos contribuyendo a aumentar la frustración. Debemos aprender a prevenir nuestros arrebatos y encontrar formas de calmarnos cuando perdemos nuestro control. Mediante expectativas y planes para situaciones frustrantes con nuestros hijos, podemos evitar sobre reaccionar, Cuando conocemos nuestros propios desencadenantes, estamos listos para responder de formas meditadas en vez de perder el control automáticamente. A medida que vayas leyendo este libro para encontrar formas de ayudar a tus hijos, ten en cuenta cómo puedes aplicarte cada estrategia a ti mismo para tener más paciencia y ser un padre o educador con más seguridad.

Construir Capacidades

Cuando los niños se sienten con capacidad, se esfuerzan más y están más motivados para escucharnos. En general, construimos este sentido de capacidad ofreciendo elogios en cantidad y guiándoles hacia actividades que estén dentro de su rango de capacidades. Específicamente, podemos:

+ Involucrarles en las actividades diarias del mantenimiento de la casa, como recoger la colada, poner la mesa, preparar la cena o ayudándoles a recoger. Incluso si su participación hace que todo tarde más, pide su colaboración y halágales por su gran ayuda.

+ Determina áreas en las cuales tengan alguna fortaleza natural y establece actividades en esas áreas (por ejemplo, atletismo, música, baile, arte o ciertas actividades académicas).

+ Evita peticiones que estén más allá de sus capacidades. Tanto en la escuela como en casa, necesitamos modificar las exigencias de trabajo para de no pongamos a los estudiantes en la postura de tener que efectuar actividades para los que no están listos. Por ejemplo, los estudiantes que todavía no leen o escriben en los primeros grados, pueden necesitar ayuda extra, y no deberíamos ponerlos en situaciones comprometidas en las que deban hacer algo más allá de su capacidad delante de otros estudiantes.

+ Alaba su esfuerzo (en vez de tan sólo su capacidad) cuando estén trabajando en un proyecto o intentando una actividad nueva. Queremos que aprecien la idea de trabajar duro y practicar, más que si pueden o no tener éxito. La lección es: el éxito llega finalmente para aquellos que trabajan duro.

Evitar la indefensión aprendida

Si en vez de planificar para el éxito, los ponemos en situaciones en las que no tengan que cumplir con nuestras expectativas y criticarlos constantemente, están menos motivados, menos predispuestos a escuchar y desarrollan "indefensión aprendida".

El concepto de indefensión aprendida lo propuso por primera vez Martin Seligman en la década de los 60 como modelo de la depresión en los seres humanos. Seligman y sus colegas demostraron, primero en animales y luego en personas, que cuando los individuos experimentan constantemente acontecimientos frustrantes que no pueden controlar, finalmente desarrollan un sentido de "indefensión aprendida" y tienden a rendirse incluso cuando más adelante se enfrentan a acontecimientos que realmente pueden controlar. Por ejemplo, en un experimento clásico, a los estudiantes se les daban rompecabezas que no podían resolverse, en comparación con aquellos a los que se les daban rompecabezas que se podían resolver, mostraban menos motivación, mayor irritación y había más probabilidad de abandonar cuando más adelante se enfrentaban a rompecabezas desafiantes pero que se pueden resolver. De hecho, su actuación era similar a la de los grupos de estudiantes que estaban deprimidos. Esta experiencia de fallo tan temprana podía inducir a una sensación de indefensión. De igual modo, los padres que continuamente critican a sus hijos pueden inducirles a una sensación de indefensión, sienten que nada de lo que hacen está "bien", así que dejan de hacerlo. Ejemplos de afirmaciones abiertamente criticables incluyen:

+ "Esto es fácil: ¿Por qué no puedes hacerlo? ¿Qué te pasa?"
+ "Todos los demás niños pueden hacerlo."
+ "Sólo inténtalo más," cuando los niños fallan en una tarea que está por encima de su habilidad actual. Lo que puede que realmente necesite es ayuda a comprender qué hacer, o una tarea más básica para prepararlos para tareas más difíciles.

Estar expuesto sólo a acontecimientos frustrantes como la crítica, puede que no sean suficientes para inducir una actitud de indefensión. Muchos investigadores han demostrado que la forma en que uno explica un fallo es crucial. Si una persona ve un fallo como un resultado de su falta de capacidad, eso conduce a más indefensión/depresión, pero si explica el fallo como resultado de una falta de esfuerzo, puede ser consecuencia de una motivación mayor (Abramson et al., 1978). De hecho, los estudiantes en el experimento mundial del rompecabezas anterior exhibieron un ánimo menos deprimido cuando explicaban sus problemas con los puzles, como debido a una falta de esfuerzo en vez de deficiencias intelectuales.

Carol Dweck y sus colegas (Dweck, 1975; Diener & Dweck, 1978 & 1980) en una serie de experimentos han demostrado cómo algunos estudiantes de la escuela elemental responden al trabajo frustrante como un desafío y parecen disfrutar en un esfuerzo para aprender más. Por contra, otros niños ven la frustración como un signo de falta de insuficiencia personal y, así, evitar el trabajo desafiante y desarrollar una actitud de indefensión hacia trabajos futuros.

La Norma 80/20

Para ayudar a nuestros hijos a sentirse motivados y competentes con nosotros, primero tenemos que darles un trabajo que puedan conseguir en vez de uno que no puedan resolver. En el campo de la educación, a esto se le llama a menudo como la norma 80/20. Primero les damos el 80% de trabajo que pueden conseguir antes de darles el 20% que es más difícil para ellos. Un ejemplo concreto de esto proviene de un estudio sobre los efectos de cómo uno ordena los artículos de prueba en un examen. Firmen et al. (2004) demostraron que, cuando pones artículos de pruebas difíciles antes que las fáciles, los estudiantes puntúan menos y abandonan antes que si pones las pruebas fáciles primero. Primero debemos construir un sentido para los estudiantes de "puedo hacerlo", antes de desafiarles a ayudarse a sí mismos a estar motivados.

Me acuerdo de cuando mi propio hijo empezó el primer grado y le estaba costando aprender a leer. Trabajé duro para enseñarle los sonidos de todas las letras y empezar a vocalizar palabras durante el primer mes del primer grado. Esencialmente, apliqué justo lo opuesto a la norma 80/20, dándole un trabajo muy desafiante para hacer antes de empezar por un trabajo que pudiera cumplir. Acabé haciéndole aborrecer hacia los libros y la lectura, de forma que sólo con verme a mi empezaba a enfadarse. Me asoció con su frustración y su indefensión. Cualquier esfuerzo para leer con él daban paso rápidamente a derrumbes. Cuando finalmente obtuve ayuda para él por parte de fantásticos tutores de lectura, aplicaron la norma 80/20, exponiéndole a tareas que podía hacer en un formato de juego. Volvió a estar motivado para intentar las habilidades de lectura y empezó a progresar. Yo retrocedí y, afortunadamente, ahora los dos disfrutamos leyendo.

Anticipar la frustración como parte del aprendizaje

Elliott y Dweck (1988) han demostrado que pueden inducir a los niños a estar más centrados en evaluar sus "capacidades" o, en su lugar, en sus "esfuerzos" por aprender, y en consecuencia afecta a cómo responden a tareas desafiantes. Los que se concentraban en sus capacidades se frustraban más fácilmente. Por contra, aquellos que alcanzaban su nivel de esfuerzo respondían a la frustración con más motivación y sentimientos positivos. Su investigación nos muestra que hacer que los niños piensen en su capacidad como algo que gradualmente cambia con el esfuerzo, es clave para reducir la frustración y la indefensión. Por contra, cuando los niños ven la capacidad como una entidad fija que no cambia, las tareas frustrantes se ven como un signo de incapacidad personal.

Como padres y profesores, debemos ayudar a nuestros jóvenes a esperar fallos y frustraciones como parte inicial del proceso de aprendizaje. Entonces, debemos darles un sentido de esperanza de que el esfuerzo continuo les ayudará a superar estos desafíos. Debemos halagarles por sus continuos esfuerzos en vez de sólo halagarles por su capacidad actual.

A pesar de empujar a mi hijo a ir demasiado rápido con la lectura, al menos entendía que aprendería con las estrategias adecuadas. Le indiqué desde el principio que la lectura es una habilidad que puede enseñarse y le dije "se supone que tu no puedes hacerlo por ahora, pero con la práctica lo conseguirás." Le conté acerca de mi tío que fue incapaz de leer durante los primeros cursos de la escuela primaria y al principio estuvo muy frustrado. Pero, como nunca se rindió, con la práctica empezó a leer y finalmente fue un profesor universitario de gran talento. Intenté darle esperanzas a mi hijo Y una visión del esfuerzo a largo tiempo que implicaba aprender a leer. Como resultado, persistió en sus esfuerzos y aprendió a leer perfectamente.

Cuando evitar luchas de poder

Las luchas de poder constantes crean estrés a cualquiera y van rompiendo despacio las relaciones entre adultos y niños. Una de las preguntas más difíciles que hacen padres y profesores es cuándo deberían empujar a un niño a hacer algo y cuándo deberían evitar una lucha de poder. Mi regla práctica es:

Si los niños están preparados para un desafío y se les han enseñado habilidades para afrontar la situación, entonces podemos intentar empujar su resistencia y soportar la lucha de poder. Si los niños no Tienen las habilidades para afrontar una tarea desafiante, entonces deberíamos evitar la lucha de poder.

Por ejemplo, si un niño se resiste a hacer los deberes, pero le simplificamos las tareas involucradas, le hemos enseñado a pedir ayuda o hacer una pausar si es necesario, y empezamos a una hora razonable, podemos sentirnos más haciéndole esperar el recreo hasta que el niño coopere y haga los deberes. Por otra parte, si un estudiante se resiste y la tarea es demasiado difícil, y no se le ha enseñado cómo pedir ayuda, entonces no sería aconsejable entrar en una lucha de poder.

La historia siguiente demuestra la estupidez de entrar en una lucha de poder con un niño que no está preparado para una situación desafiante. En una escuela de una ciudad del centro donde trabajé hace años, había un alumno de 5° grado con problemas de lectura. Los fines de semana, asistía a un programa recreativo conducido por un hombre que me enseño más acerca de desarrollar relaciones positivas que cualquier libro que hubiera leído o en todo lo que había aprendido en la universidad. Se convirtió en un padrazo para muchos de los niños sin padres y sabía cómo ayudarles a sentirse valorados y competentes. Su programa recreativo ofrecía supervisión para deportes, artes y trabajos manuales y académicos, pero no hacía exigencias a los estudiantes para que sobresalieran en ninguna de dichas áreas. En general, el programa ofrecía un lugar de relajación y uno se sentía ayudado, halagado, pero no empujado a conseguir un grado, cosa que pasaba durante la semana escolar.

Durante la semana, este hombre trabajaba como guarda de seguridad en la escuela. El chico de 5° grado en cuestión tenía modificaciones en su clase de artes del lenguaje impartidas por una profesora que entendió sus dificultades con la lectura. Un día, como hacía a menudo, le dijo a la clase, "Sacad vuestro cuaderno de artes del lenguaje y haced los tres párrafos siguientes", y luego le susurró al niño que hiciera sólo uno de los párrafos, lo que él acepto porque sabía que ella escogía el trabajo que él podía hacer. No obstante, al día siguiente, había una profesora sustituta que dijo, "Saca tu cuaderno de artes del lenguaje y haz los siguientes tres párrafos; tu profesora me dijo que no los terminaste ayer." Alzó la mano y dijo, "No tengo que hacer esto." Ella dijo, "tienes que hacer lo mismo que cualquier otro." Se enfadó y gritó, "¡No, y no me puedes obligar a hacer esto!" A medida que el estudiante empezaba a sentirse amenazado, ella también empezaba a sentirse amenazada, y estaba preocupada de que se produjera un motín si no se ponía en pie, así que se enfadó y dijo duramente, "¿necesitas hacer el trabajo como cualquier otro, chico!" Él se enfadó todavía más y volvió a gritar "¡No puedes forzarme a hacer nada!" Entonces, ella hizo lo que los sustitutos hacen en esta situación: le envió al director.

El director ya había visto a nueve niños ese día. A todos los nueve niños les dijo que necesitaban hacer sus deberes o se perderían el recreo y se informaría a sus padres. Todos los niños hicieron lo que se les dijo. Sólo necesitaban de autoridad, que sabían que deberían seguir adelante, para reiterar los planes de disciplina y las normas. No obstante, este niño era distinto.

Cuando fue al despacho del director, todavía agitado, el director le dijo, suavemente como le había dicho a los demás, que tenía que hacer sus deberes o se perdería el recreo y tendría que llamar a sus padres. Gritó, "No tengo que hacer estos deberes y usted no puede obligarme." Ahora, sinceramente, no tenía que hacer el trabajo, según el plan modificado que estaba vigente, permitiéndole cambios en su curriculum de las artes lingüísticas, pero como la profesora de siempre no estaba, nadie lo sabía.

El director no podía creer el tono áspero de voz y pensaba que este niño iría a la escuela secundaria al año siguiente y necesitaría aprender en esta y ahora cómo respetar la autoridad. El director afirmó, "chico, no debes hablarme en este tono. Cuando estés en este edificio debes respetar a todos los adultos. Es como si nosotros fuéramos tus padres durante las horas que estás en la escuela." El niño reaccionó, "¡USTED NO ES MI PADRE!" acercándose un poco más al director. Si las cosas hubiesen continuado así, el niño le habría alzado el dedo medio de la mano al director, tal como había hecho una vez en el pasado) obligando al director a suspenderle, lo que sólo habría servido para enseñarle al niño una forma fiable de marcharse de la escuela.

En su lugar, el guarda de seguridad se dio cuenta de que iba subiendo de tono la lucha de poder, al pasar por delante del despacho e intervino. El director sabía que el guarda de seguridad tenía buena mano con los niños y no le importó que se hiciera cargo. El guarda de seguridad le dijo al niño "tienes razón, no deberías hacer estos deberes." El ánimo del niño se calmó un poco mientras se alegraba y escuchaba al guarda de seguridad. Los dos fueron andando y hablando acerca de la televisión, los programas y otros intereses, hasta que el niño se calmó y entonces el guarda (también ajeno a las modificaciones a las que el niño tenía derecho) convenció al niño para que hiciera un poco de las artes lingüísticas, aunque no tuviera que hacerlo. El guarda pudo hacerlo porque sabía cómo manejar la situación, para gestionar las emociones en vez de utilizar cualquier razonamiento.

Lo que este guarda hizo en un principio fue abortar un derrumbe para validar los sentimientos del niño en vez de continuar con la lucha de poder. Un libro muy popular titulado *How to Talk to Kids so Kids Will Listen*, "*Como Hablar a los Niños para que los Niños Escuchen*", describe en esencia este proceso de mostrar comprensión y empatía hacia los sentimientos de los niños antes de que estén dispuestos a escuchar (Faber and Mazlish, 1999). Palabras que podemos usar, incluyen:

+ "Esto tiene sentido."
+ "Puedo entender cómo te sientes."
+ "Desearía poder hacerlo mejor."

Para evitar que aumente la lucha de poder, necesitamos gestionar las emociones antes de usar el razonamiento y hacer cumplir las normas. A veces lo hacemos dando la razón a ciertos comentarios de nuestros hijos y a veces encontramos formas de alejarlos de los desencadenantes de sus enfados.

En el capítulo siguiente se explican más formas de calmar a los niños en medio de un derrumbe.

Resumen del capítulo

+ Cuando aceptamos y amamos a nuestros hijos, les ayudamos a establecer relaciones positivas mediante las cuales podemos ayudarles a aprender. Las estrategias siguientes incluyen maneras en las que podemos tener que ajustar nuestras expectativas de nuestros hijos para poder mantener una buena relación.

+ Controlar nuestra propia frustración gracias a:

  – Esperar comportamientos desafiantes por parte de nuestros hijos como parte de su desarrollo normal.

  – Dándonos cuenta de que los comportamientos desafiantes de nuestros hijos no son amenazas a nuestra propia competencia, sino una función de la tenue capacidad de los jóvenes para gestionar la frustración.

- Comprender que los comportamientos desafiantes son temporales hasta que podamos averiguar mejores maneras de gestionar y prevenir estas situaciones difíciles.

+ Planificar para los niños una aproximación a tareas que construyan una aproximación más simple y que les den confianza, antes de desafiarles con tareas más difíciles.

+ Enseñarles a esperar que se produzcan frustraciones como parte del aprendizaje en vez de como un signo de fallo.

+ Evitar las luchas de poder cuando el niño aún no puede tener las habilidades para gestionar una situación en particular.

4

REDUCIR LA INTENSIDAD DE UN DERRUMBE

Una tarde, un niño de séptimo grado estaba en el coche con su madre conduciendo hacia mi oficina. Pasaron junto a una tienda de videos y el niño le dijo a su madre, "Mami, tengo que parar, ha salido un nuevo videojuego". Su madre dijo, "No, llegamos tarde a la cita con el Dr. Baker". El niño dijo, "Pero tú no lo entiendes, acaba de salir y necesito tenerlo ahora". Ella dijo, "No me lo dijiste antes y ahora llegamos tarde". Entonces, al pasar frente a la tienda de videos, él dijo "OOOH, te odio. ¡Da la vuelta ahora!" Ella le ignoró, mientras él continuaba furioso.

Al llegar a mi despacho, empezó a ir y venir y dijo, "Esto apesta, odio estar aquí, odio esta oficina." Su madre explicó que no había podido ir a la tienda de videos. Le pedí a su madre si podíamos prometer llevarle justo después de la sesión. Ella estuvo de acuerdo y le dije, "¡Buenas noticias! Tu madre dice que, si trabajas conmigo ahora, te llevará a la tienda justo después de terminar la sesión." El pareció no oírlo y continuó arriba y abajo y gruñendo cuánto odiaba este lugar y como apestaba. Su madre estaba exasperada tras el viaje en coche y del derrumbe que continuaba en mi despacho. Dejó de hacerle promesas y, en su lugar, empezó a amenazarle. "Si no te calmas, ¡no te llevaré a la tienda de videos en toda tu vida!", le dijo. Él ni siquiera pareció haberla escuchado. Estaba en una zona de derrumbe y a su madre no le faltaba mucho.

Recordaba que a él le gustaba jugar al Uno, y le comenté: "Voy a jugar al Uno." Contestó, "¡Yo no juego!" Le dije, "Está bien, voy a jugar con tu madre."

Su madre era buena en aparentar que no sabía jugar. Dijo, "No estoy segura de qué carta jugar; quizá pierda." El niño miró por encima de sus cartas y, sin decir una palabra, cogió sus cartas. Ahora yo estaba jugando con él. Aunque él era un terrible jugador y necesitaba ayuda con el hecho de perder, decidí dejar de trabajar en esto en ese momento. Aquel día le dejé ganar. De repente, sonrió y estuvo de buen humor. Había regresado del derrumbe.

Ahora que habíamos abortado la crisis, su madre comprensivamente quiso asegurarse de que este problema no volviera a suceder. Intentó trazar un plan para la próxima vez, de forma que no tuviera un derrumbe cada vez que alguien le dijera que no. Le dijo, "Ahora que estás calmado, vamos a hablar de esto de la tienda del video" Su cara cambió y, por momentos, estaba agitándose y gritando, "Esto apesta, odio estar aquí." No puedes volver y discutir los problemas pasados con algunas personas, en especial, cuando sus sentimientos negativos todavía están muy recientes. ¿Cómo podíamos hacer un plan para impedir futuros problemas como este si no podíamos hablar de ello con el niño? Le ayude a prepararse para momentos futuros en los que no obtendría lo que quería sin ni siquiera mencionar la rabieta acerca de la tienda de videos. Después de más partidas del Uno y otras distracciones, empecé a trazar un plan con él para la próxima vez, sin mencionar lo que había sucedido anteriormente. Le dije, "La próxima vez que vengas a mi despacho puede que pases delante de un McDonald's"—no quise decir nada acerca de la tienda de videos—"y puede que quieras ir allí, pero tu madre puede que diga que no porque quiera cenar en otra parte. Si eres amable con esto y no te enfadas, ella estará tan contenta de que te dejará tomar helado en casa y jugar con tus juegos de ordenador." La verdad es que siempre tuvo sus juegos de ordenador: sólo le estábamos resaltado que podía obtener esto cuando aceptara un no por respuesta acerca del McDonald's. Para aceptar un no y no verlo como el fin del mundo, los niños necesitan ser capaces de centrarse en acontecimientos positivos que aún no han pasado, de forma que tengan un motivo para seguir controlándose.

Cómo reducir un derrumbe

1. Usa la distracción para abortar la escalada de la furia, de las emociones fuera de control al razonar, cuando la lógica, amenazas y los castigos que no han funcionado.

2. Estas son *herramientas temporales de crisis* a emplear cuando nuestros hijos están fuera de control; no son sustitutos para hacer el trabajo más difícil de entender por qué ocurrió el derrumbe y crear un plan de prevención tal como se describe en los Capítulos 5-10.

3. Cuando los mismos derrumbes se repiten, desarrolla un plan de forma que el problema no se vuelva a producir. Al discutir un plan, puedes decidir no repetir los comportamientos negativos que ya han ocurrido. Algunos niños pueden gestionarlo, otros no. Necesitas conocer a tu hijo.

Distracciones

Hay muchas maneras de distraerlo y abortar un derrumbe. Para niños de menos de cuatro años, no hace falta mucho para distraerlos de lo que les está molestando. Si le muestran un juguete interesante, le damos un peluche o un libro, que mire por la ventana, encendemos la tele o sólo con un abrazo y lo mecemos en las rodillas de su padre o madre, puede servir como una distracción rápida.

A medida que crecen, todas estas distracciones pueden seguir funcionando, pero puede que no capten su atención tanto como para mantenerles alejados de la situación que les está molestando. En su lugar, hay que tener en cuenta las cosas que más llamen la atención de tu hijo. Para el estudiante del ejemplo anterior, lo que le gustaba era el juego del Uno. Si tú sabes cuál es la pasión de tu hijo, puede ser la distracción más eficaz.

Una vez, dos estudiantes de la escuela secundaria estaban a punto de pelearse en un grupo del que yo era conciliador. Uno estaba llorando porque le había molestado alguien de fuera del grupo. Otro niño del grupo le llamó bebé porque estaba llorando. Empezaron a discutir y no respondían a mis esfuerzos por atraer su atención y resolver la discusión. Me puse entre ellos, pero se movieron para volver a verse las caras. Justo cuando iban a enfrentarse por lo que yo pensaba que sería una pelea de puños, saqué un juego de cartas Yu-Gi-Oh que siempre tengo a mano para casos de emergencia. Ambos estudiantes eran coleccionistas y jugadores del juego de cartas. Tan pronto como las saqué y les dije, "¿Eh, chicos, alguno de vosotros tiene alguna de estas cartas?", dejaron de discutir, miraron y se centraron en las cartas. A medida que discutíamos los valores relativos de cada carta, tranquilamente sugerí que se disculparan y que pudiéramos discutir lo de las burlas en otro momento. Balbucearon su rápida disculpa y volvieron a centrarse en las cartas. Evité el tema de las burlas con el resto del grupo y no volví a nombrarlo hasta la sesión de grupo siguiente, cuando no estaba tan fresca para ninguno de ellos.

He aquí algunas sugerencias para distraer y calmar a tus hijos.

Distractores
Para niños pequeños

- Monos de peluche
- Jugetes favoritos
- Libros
- Television
- Mirara por la ventana
- Abrazos
- Mecerse en las rodillas de los padres

Para niños en edad escolar

- **Usar los intereses y pasiones del niño.** En el ejemplo anterior fueron las cartas Yu-Gi-Oh. También pueden ser videojuegos, revistas o discusiones acerca de sus actividades favoritas.

+ **Usar el humor** para que el niño sonría o se ría y se distraiga de lo que le molesta. Debemos tener cuidado de que el niño no piense que nos reímos de él. Para asegurarnos, a menudo pregunto, "¿Estaría bien si trato de hacerte reír para que tus pensamientos se centren en otra cosa que no sea esta?" Si el niño lo rechaza, no seguiré con esta táctica.

+ **Validar sus sentimientos** para que se sientan comprendidos (véase Farber & Mazlish, 1999). Por ejemplo:

"Yo también encontraba difíciles las matemáticas. Desearía que no tuvieras que hacer esto." "Si, odio cuando tienes que esperar por lo que quieres."

"Entiendo cuánto deseabas ganar. Realmente era importante para ti."

"Puede ver por qué te enfadaste tanto que querías empujarla, en especial desde que te molestó ella primero... Pero no sirve de nada para ninguno de los dos empujarse".

Myles and Southwick (2005) ofrecen estrategias similares para abortar o disminuir los momentos de derrumbe. He aquí algunas de sus sugerencias que creo que son útiles:

+ **Deja que el niño sea un mensajero.** Esto puede ser útil en el entorno de un aula. Cuando un estudiante se empieza a agitar, envíale a dar un mensaje importante a la enfermera de la escuela para distraerle de los acontecimientos molestos.

+ **Acércate más al niño.** A veces, acercarse más al niño y/o tocándole para que el niño sepa que estás allí para ayudarle. Esto puede ser útil cuando el derrumbe no está motivado por el comportamiento del adulto, así como cuando un niño está frustrado con el trabajo o un juego.

+ **Usa una señal secreta.** Un profesor o padre podría tener una señal secreta como una mirada o toser para decirle al niño que está empezando a agitarse y debería vigilar su comportamiento.

+ **Crea un esquema escrito de rutinas.** Esto implica ofrecerle al niño recordatorios visuales de su esquema para que se sienta cómodo comprendiendo lo que le espera después. Puede ayudar a que se distraiga de su malestar, y vea las rutinas cómodas que le esperan.

+ **Crea una base hogareña.** Esto implica hacer un lugar a salvo, confortable para que los niños vayan cuando se sientan molestos. Por ejemplo, se puede crear una zona de bolsas de pelotitas con libros favoritos y peluches en un dormitorio o en clase. Si la gente usa demasiado este lugar para evitar hacer el trabajo, entonces procura crear un plan de prevención que haga que el trabajo sea más agradable (ver Capítulo 7).

+ **Sólo camina y no hables** se refiere a caminar con el niño lejos de la situación que le molesta, permitiéndole desahogarse sin discutir con él o decirle algo que pudiera aumentar el derrumbe.

Cuando demasiada distracción puede empeorar las cosas

Cuando un problema de comportamiento se repite una y otra vez, siempre tiene sentido intentar entender por qué ocurre y desarrollar un plan de prevención para evitar que se repitan estos problemas (ver Capítulo 6). Las distracciones no deberían ser la estrategia preferida para los problemas repetitivos; deberían reservarse para situaciones de emergencia en los que no puede impedirse un derrumbe, no hay ningún plan establecido, y el comportamiento va aumentando rápidamente.

Hay veces en que utilizar demasiado las distracciones pueden empeorar la situación. Digamos que un niño está chillando y tirándose al suelo en un esfuerzo por evitar un trabajo desafiante y, luego, nosotros le permitimos jugar a su juego favorito para que se calme. Esto lo más probable es que recompense el berrinche y haga que sea más probable que el niño siga con estos comportamientos para evitar el trabajo. Así pues, cuando se usa una distracción cuando un niño está evitando hacer el trabajo, perpetuamos el problema. El trabajo real no es calmar el derrumbe en el momento que sucede, sino aprender por qué está evitando el trabajo, desarrollar un plan para hacerlo más agradable y darle otras formas de gestionar los trabajos desafiantes, tales como pedir ayuda.

A veces es difícil saber, en el momento del derrumbe, si el niño realmente está tratando de evitar el trabajo o está pasando otra cosa. Así pues, no me opongo a usar distracciones una vez en una situación que conduzca a evitar el trabajo, siempre que tengamos un plan para evitar que en el futuro se produzcan estos derrumbes.

La norma de una vez para evitarlo

1. La distracción es una herramienta de crisis. Puede utilizarse para calmar un derrumbe cuando no tenemos ya un plan establecido.

2. Si la distracción permite al niño evitar un trabajo, deberíamos utilizarlos solamente una vez con esta tarea en particular. Hacer demasiado uso, sólo conseguirá que el niño vuelva a sufrir derrumbes para evitar hacer el trabajo. En su lugar, debemos desarrollar un plan preventivo para hacer el trabajo más tolerable, y enseñarle al niño a manejar la frustración - como aprender a pedir ayuda o hacer una pausa (véase Capítulo 7).

Ayudar a los niños a encontrar sus propias estrategias para calmarse

Así como usamos técnicas de distracción para interrumpir un derrumbe, queremos enseñar a nuestros hijos a hacerlo por sí mismos. No siempre estarán en una posición en la que puedan depender de alguien para calmarles y, así, necesitarán ayuda para desarrollar sus propias estrategias.

En última instancia, la aproximación más eficaz a largo plazo para ayudar a los niños a calmarse implica crear planes de prevención que traten con los desencadenantes específicos de sus derrumbes, tal y como se describe en los Capítulos 6 a 10. De esta forma ellos pueden evitar enfadarse al empezar. Ya que no siempre podemos saber con anticipación lo que desencadenará un derrumbe, es útil tener una estrategia general para calmar, que un niño pueda usar en cualquier situación.

Existen multitud de evidencias de que los niños pueden aprender estrategias generales para calmarse que les ayuden a pensar antes de actuar. Alguna de esta investigación proviene de estudios que observan los efectos socioemocionales de los programas de aprendizaje en las escuelas (SEL, por sus siglas en inglés), donde a los niños se les enseña sobre sus emociones, como calmarse, así como aprender maneras de solucionar problemas interpersonales. El libro de Daniel Goleman sobre la inteligencia emocional (1995) resume mucho de esta investigación, que apunta a ganar autocontrol por parte de niños que participan en estos programas.

El primer paso de muchos de estos programas SEL es ayudar a los niños a desarrollar formas de parar y calmarse antes de decidir cómo solucionar un problema. He descubierto que las mejores estrategias para calmarse provienen de hablar con los niños para averiguar qué es lo que mejor les funciona. ¿Les gusta hacer respiraciones profundas o creen que dibujar o leer es más relajante? Esta discusión debería tener lugar durante los momentos de calma, no durante los derrumbes. El aprendizaje no puede conseguirse durante los momentos de derrumbe. Las estrategias de calma deben practicarse antes de que se irriten si hay una posibilidad de usar técnicas de relajación una vez están enfadados. Para ayudarles a empezar a calmarse, recomiendo los pasos siguientes:

Pasos para crear estrategias de autorrelajación

1. Cuando están centrados y en calma, hablar con ellos sobre cuándo saben que se están enfadando. Ayudar a identificar señales internas para estas sensaciones. Escríbelas o dibújalas. Si van a calmarse por sí mismos, necesitarán saber cuándo se están enfadando antes de que puedan llegar a un derrumbe total.

2. Hablar con ellos sobre cosas que les calmen. Acordar practicar estas estrategias para calmarse, de forma que puedan usarlas cuando están enfadados. La lista puede incluir:

- Hacer respiraciones profundas
- Contar hasta 10
- Ir a caminar
- Tomar un vaso de agua, o chupar cubitos de hielo
- Mascar una pajita o un chicle
- Dibujar
- Escuchar música

- Leer
- Ver la televisión
- Actividades deportivas
- Coger tu juguete favorito, apretar una pelota, o un mono de peluche
- Mecerse en una mecedora
- Columpiarse en un columpio

3. Crear un plan para casa y para la escuela que indique qué estrategias para calmarse van a utilizar.

4. Decidir con quien van a hablar para discutir cómo solucionar el problema una vez se hayan calmado.

5. Cada día durante varios meses, haz que los niños imaginen las sensaciones de rabia y hagan una actuación sobre la estrategia de calmarse. Tendrá que ser capaz de hacer la estrategia de calmarse sin demasiado esfuerzo consciente, ya que puede serle difícil pensar a medida que vaya empezando a enfadarse. En casa, los padres pueden interpretar la estrategia cada mañana o después de la escuela. Los profesores pueden hacer que sus estudiantes interpreten su plan de calmarse cada mañana cinco minutos antes de que empiece la clase.

El formulario de la página siguiente puede utilizarse para ayudarte a crear un plan general para calmarse, para tu hijo.

Formulario general del plan de relajación

Sintiéndose enfadado

¿Cómo sé cuándo estoy enfadado? _____
_____
_____
_____
_____

Plan en casa

¿Qué me calma en casa?_____
_____
_____
_____
_____

¿Con quién puedo hablar en casa para ayudarme a solucionar el problema?_____
_____
_____
_____
_____

Plan en la escuela

¿Qué me calma en la escuela? _____
_____
_____
_____

¿Con quién puedo hablar en la escuela para ayudarme a solucionar el problema? _____
_____
_____
_____

Este capítulo se centraba en formas de calmar un derrumbe al instante. Para ayudar a prevenir los derrumbes desde el primer momento, necesitaremos desarrollar planes preventivos que sean específicos para ciertos desencadenantes. Este es el tema que vamos a desarrollar a continuación.

Resumen del capítulo

+ La distracción es una herramienta clave para ayudar a las personas a calmarse.

+ Tipos de distracciones y estrategias de relajación relacionadas incluyen:

  – Usar los intereses y pasiones del niño.
  – Usar el humor
  – Validar los sentimientos de forma que el niño se sienta comprendido
  – Jugar con peluches o sus juguetes favoritos
  – Mirar por la ventana
  – Mecerse en las rodillas de los padres
  – Usar libros, televisión, vídeos
  – Abrazarle

+ Myles and Southwick (2005) ofrecen estrategias similares para abortar o disminuir los momentos de derrumbe.

– Deja que el niño sea un mensajero.

  – Acércate más al niño. Usa una señal secreta.
  – Crea un esquema escrito de rutinas.
  – Crea una base hogareña.
  – Sólo camina y no hables.

+ Si la distracción permite al niño evitar un trabajo, deberíamos utilizarla sólo una vez con esa tarea en particular. Hacer demasiado uso, sólo conseguirá que el niño vuelva a sufrir derrumbes para evitar hacer el trabajo. Debemos desarrollar un plan de prevención para hacer que el trabajo sea más tolerable y enseñarle al niño formas mejores de gestionar la frustración.

+ Los niños pueden aprender formas de calmarse antes o después de que tengan un derrumbe. Estas son estrategias generales de relajación que puedan utilizarse en muchas situaciones. Sin embargo, las estrategias más eficaces serán Los planes de prevención creados para gestionar las situaciones desencadenantes específicas (tal como se describe en los Capítulos 6 a 10).

5

COMPRENDER EL MOTIVO POR EL CUAL OCURREN LOS PROBLEMAS REPETITIVOS

Para llegar a un punto en el que ya no estemos sólo calmando las aguas en medio de una tormenta, necesitamos comprender cómo predecir y prevenir la tormenta en sí misma. Ahora vamos a centrar nuestra atención en explorar los desencadenantes de repetidos derrumbes.

Cada día durante el recreo, un alumno de tercer grado llamado Kevin tiene desafíos controlándose. Empuja, golpea y discute con los demás estudiantes, permaneciendo después enfadado durante horas, Cuando se le pregunta sobre su comportamiento, se enfada aún más, llora y grita a los adultos o corre a su alrededor.

Su profesor intenta ayudarle ofreciéndole un premio cada día, de un cajón de tesoros de la clase, si mantiene las manos quietas durante el recreo. Expresa un gran interés en ganar estos premios, pero, no obstante, cada día vuelve del recreo frustrado por haber tenido de nuevo algún altercado físico y no haber podido ganar el premio. Cuando el director le explica que se le castigará por su comportamiento y se perderá el recreo del día siguiente, su enfado crece y permanece enfadado durante horas, gritando y chillando o intentando escapar. Sus padres le han ofrecido recompensas cuando se controla y le han quitado privilegios cuando pierde el control en el recreo. A pesar de normas consecuentes, recompensas y consecuencias, los problemas continúan. Aquí, la disciplina tradicional no ha sido suficiente. Tenemos que entender el motivo por el que Kevin continúa teniendo problemas durante el recreo.

Entender los desencadenantes

El proceso para comprender el motivo de porqué ocurre los comportamientos repetitivos de comportamiento, tiene un nombre divertido en la literatura del comportamiento. Se llama "Valoración Conductual Funcional". No dejes que el nombre técnico te intimide: no significa otra cosa que tratar de entender lo que causa y perpetúa el problema. La palabra función hace referencia a la idea de que el problema de comportamiento sirve a algunas funciones, tales como permitir que el niño evite una situación difícil, obtenga atención de otros, o desahogue su frustración, por ejemplo. Al crear un plan de prevención, lo que el comportamiento parezca (tanto si el niño golpea como si chilla) será menos importante que la función para la que sirva. Por ejemplo, si un niño golpea para tratar de conseguir que otros jueguen con él, un plan de prevención implicará enseñarle al niño mejores formas de pedirles a los demás que jueguen. Si, por otra parte, el niño golpea para que los demás lo dejen solos, entonces un plan de prevención implicará enseñarles formas distintas de pedirle a los demás que no le moleste. El mismo comportamiento, golpeando, puede conducirle a distintas formas de ayudar al niño, basándose en la "función" del comportamiento.

El ABC del Comportamiento: Antecedente, Comportamiento, Consecuencia

Para valorar el por qué ocurre un problema de comportamiento, necesitamos saber las circunstancias que rodean al comportamiento. A menudo esto hace referencia al ABC del comportamiento. "A" significa antecedentes o lo que ocurre antes del comportamiento. "B" significa el comportamiento en sí, lo que el niño hizo o dijo que fuera problemático. Y "C" significa las consecuencias, lo que no necesariamente significa castigo, sino lo que pasó después de haber ocurrido el comportamiento. Esencialmente, antecedente, comportamiento y consecuencia, hace referencia a "antes, durante y después". Tener la información de lo que pasó antes del comportamiento nos da claves para saber lo que puede haber desencadenado el problema. La información sobre lo que sucedió después del comportamiento arroja luz sobre si hay algo a recompensar acerca del comportamiento (p.e. recompensas ocultas).

Por ejemplo, volvamos a ver el comportamiento de Kevin durante el recreo. Podríamos descubrir que uno de los desencadenantes (un antecedente) se produce cuando los niños discuten con él sobre una llamada durante un juego en el recreo (tal como si está "fuera" o "a salvo" en juego de pelota "kickball"). Kevin podría volverse loco y empujar a los demás mientras se discute una llamada. Si, como consecuencia de empujar a otros niños, los demás cedieron ante Kevin, podríamos decir que hay una recompensa escondida por su agresivo comportamiento. Pero si los niños no ceden ante él y, de hecho, dejan de jugar con él, parecería que su agresión no está siendo recompensada. En la siguiente sección investigaremos lo que realmente causó el comportamiento agresivo de Kevin en el recreo.

Obteniendo los ABC: Entrevistas y Observaciones

En un esfuerzo por descubrir los ABC del comportamiento problemático, a menudo podemos empezar por entrevistar a los que vieron el comportamiento. Si no podemos obtener suficiente información de esta entrevista, a menudo necesitamos observar dicho comportamiento por nosotros mismos. La tabla siguiente subraya algunas cosas que buscar al investigar cuáles son los antecedentes, comportamiento y consecuencias de un comportamiento problemático en particular. El Diario ABC que sigue, muestra cómo crear un registro escrito de nuestras observaciones, de forma que más adelante podamos buscar patrones que revelen lo que pueda estar causando los comportamientos problemáticos.

Qúe pedir u observar cuando buscamos los ABC

Antecedentes: ¿Qué desencadenó el comportamiento? **Considera:**

+ **Sensor y estimulación.** Eso incluye el nivel de ruido, luz, tacto, olfato, gusto, movimiento u otras formas de estimulación que puedan estar molestando a la persona.

+ **Falta de estructura.** ¿Eran claras las instrucciones sobre qué hacer? ¿Había recordatorios visuales de qué hacer, o sólo instrucciones verbales? Sin una estructura suficiente, los niños pueden confundirse.

+ **Desencadenantes biológicos o internos.** Eso puede incluir hambre, dolor, enfermedad o cansancio, lo que puede contribuir a sufrir un derrumbe.

+ **Peticiones.** Esto puede incluir direcciones para hacer un trabajo o expectativas sociales para conversar, jugar o interactuar con los demás.

+ **Esperar.** Eso implica situaciones en las que los niños no obtienen lo que quieren inmediatamente, o no pueden obtener lo que quieren, o tienen que dejar de hacer algo que les gusta.

+ **Amenazas a la autoimagen.** Eso implica situaciones que hacen que los niños se sientan avergonzados o turbados, tales como perder en un juego, cometer errores, ser criticados o molestados.

+ **Deseos de atención no satisfechos.** Esto incluye momentos en los que otros no quieren jugar o interactuar con ellos, cuando están celosos de los demás o cuando les da miedo estar solos.

Comportamiento: ¿Qué hizo el niño o dijo en esa situación?

+ **Describe el comportamiento usando términos concretos, detallados,** en vez de palabras abstractas. Una descripción bien detallada sería: "Mi hijo empujó el hombro de otro niño y dijo, te odio." Por contra, una descripción poco clara sería "Mi hijo se enfadó y se peleó físicamente con otro niño." En esta última frase, realmente no sabemos qué se dijo o cómo fue la agresión física con el otro niño.

Consecuencia: ¿Qué ocurrió después de que sucediera dicho comportamiento?

Describe con detalle lo que los demás hicieron o dijeron después de que ocurriera el comportamiento del niño. Considera si el comportamiento del niño dio lugar a:

+ **Evitar una situación.** A veces los niños buscan evasivas, excusas o rabietas para evitar un trabajo difícil, una petición social o aparentemente situaciones divertidas que podrían ser demasiado estimulantes (p.e. Rehusar ir a una fiesta en un parque de atracciones).

+ **Obtener la atención de los demás.** A veces los niños muestran comportamientos desafiantes para hacer que los demás jueguen, rían o les ayuden con algo. Los niños podrían empezar una pelea con sus padres, alejándose de ellos o contar historias inventadas. Si, en principio, el niño parece feliz y está sonriendo, esta puede ser una clave de que el comportamiento es un intento de jugar, en vez de evitar un trabajo frustrante.

+ **Obtener un objeto deseado.** A veces los niños pueden pedir insistentemente comida, juguetes o un privilegio, y luego hacer una rabieta si no obtienen lo que quieren de forma inmediata.

+ **Autocomplacerse o calmarles.** A veces estos son comportamientos que no parecen tener un impacto sobre los demás, pero sirven para entretener, proporcionar placer o calmar al niño. Algunos ejemplos incluyen hablar consigo mismo, ponerse inquieto, golpearse, balancearse e incluso masturbarse. Aunque el comportamiento puede ser molesto para los demás, el niño usa el comportamiento para calmarse o entretenerse.

+ **Desahogarse en la frustración.** A veces, el comportamiento de un niño no tiene un beneficio claro, es decir que no conduce a evitar trabajos desagradables, u obtener la atención deseada. Al contrario, el comportamiento parece ser una forma de desahogar su frustración. Un ejemplo se produce cuando un niño se frustra con un proyecto, empieza a destruirlo, con todo, no quiere dejarlo tratando de aceptar ayuda.

El Diario ABC en blanco (para hacer un seguimiento de los ABC)

Fecha/Hora	Antecedentes/ Desencadenantes	Comportamiento	Consecuencias

Volviendo a los problemas de Kevin en el recreo, empecé a explorar los ABC de su comportamiento problemático. Sabíamos de antemano qué era C: estaba constantemente perdiéndose el recreo y los privilegios en casa por los altercados físicos durante el recreo, o, si no, recibía recompensas y privilegios en casa si se comportaba correctamente durante el recreo. Para tener más información sobre el comportamiento específico y los antecedentes, empecé entrevistando a su profesora. Lo primero que le pregunté es qué hizo. Me dijo que el niño había pegado, golpeado y empujado a otros niños durante el recreo. Le pedí que me dijera algo sobre el ejemplo más reciente. Dijo que el día anterior supuestamente había empujado a otro niño en el hombro durante el recreo.

Ahora que tenía una explicación clara de lo que el niño había hecho, investigué sobre los desencadenantes (antecedentes) de su comportamiento. Le pregunté, "¿qué estaba sucediendo justo antes de que empujara al otro niño?" Ella me dijo, "no lo sé. Yo no estaba en el recreo con ellos, sólo están los ayudantes del comedor." Así que decidí preguntar a los ayudantes del comedor si habían visto lo que hizo Kevin el día anterior. Me dijeron, "Honestamente, Dr. Baker, tenemos 75 niños allí fuera y cuando descubrimos algo, normalmente ya ha sucedido. ¿Realmente espera que investiguemos cada situación?"

No llegué muy lejos con mis entrevistas. Intenté preguntar a los otros niños. „Me dijeron que Kevin sólo había ido hacia otro niño y le había empujado. Les pregunté, "¿Qué estaba haciendo el otro niño antes de que Kevin lo empujara?" Me dijeron, "Nada. Sólo le empujó." De nuevo continuaba investigando para conseguir la información desencadenante. Le pregunté al propio Kevin si recordaba lo que estaba sucediendo en el recreo, y sólo negó que hubiera empujado a alguien a pesar de que todos decían que lo había hecho.

Mi entrevista no condujo a ninguna información útil para que pudiera comprender lo que estaba pasando. Me fui al lugar de observación. Planeé observarle brevemente en el recreo, sabiendo que quizá vería algo desde que estos problemas pasasen casi cada día.

En el recreo vi a Kevin ir hacia dos niños que jugaban a las damas y preguntarles, "¿Puedo jugar?" Le dijeron, "No, acabamos de empezar." El entrecerró los ojos, gruñendo enojado mientras casi empujaba ligeramente a uno de los niños. Le pregunté por qué había hecho eso. Me dijo, "Porque me odian y no me dejan jugar." Eso me enseño mucho acerca de lo que podía estar siendo un desencadenante para él. El percibía que sus compañeros no le apreciaban cuando les decía que no podía jugar. Yo había interpretado la respuesta que él entendía de los compañeros de forma muy distinta. Pensé que lo que los niños opinaban es que no podía jugar inmediatamente porque el juego de damas es un juego para dos personas, así que tenía que esperar a jugar con el ganador.

Quería ver si mi suposición acerca de la sensibilidad al rechazo de Kevin era exacta. Así que le observé un poco más en el recreo ese día y el siguiente. Observé que cuando los compañeros decían que no podía jugar, parecía que se enfadaba y pegaba, empujaba o les agredía, cuando la mayor parte del tiempo me pareció que los compañeros realmente estaban indicándole que tenía que esperar y jugar con un ganador o esperar a que empezara el siguiente juego, para que pudieran elegir nuevos jugadores.

Observé otro desencadenante que me pareció que le molestaba. Cuando no estaba de acuerdo con una llamada de pregunta durante un juego, la discusión a menudo derivaba en un partido de empujones físicos. En un momento, él estaba jugando en un cuadrado. Golpeó la pelota y uno de sus compañeros dijo que la pelota salió de los límites. Kevin insistió en el que bola había sido buena. Los dos niños discutieron hasta que Kevin empujó al otro niño. En ese punto, un ayudante de comedor vio lo que estaba pasando y le cogió por el brazo, y lo llevó hasta el despacho del director. Allí, esperó hasta que el director le vio y le explicó que necesitaba tener las manos quietas, y le dijo claramente a Kevin que se perdería el recreo del día siguiente. Kevin intentó explicar que el otro niño mentía cuando le dijo que su pelota estaba fuera de los límites, pero el director continuó diciendo que no importaba lo que los demás dijera, Kevin no podía tocar a los demás niños.

Durante los dos breves periodos de recreo observé a Kevin, todas las discrepancias de agresiones físicas tenían la misma clase de desencadenante. Siempre parecía seguir unos ritmos en los que los demás rechazaban su intento de unirse o discutir sobre una llamada. A veces los altercados los veían los ayudantes de comedor y era castigado; otras veces pasaba desapercibido. Nunca pareció que su agresión convenciera a sus compañeros de que tenía razón acerca de la llamada o que le ayudaran a que se reuniera con ellos. Si acaso, los compañeros ahora eran cautelosos con Kevin y parecían mantenerse claramente alejados de él.

Algunos de estos acontecimientos se muestran en el Diaro "ABC" de ejemplo que registré sobre mis observaciones con Kevin en el recreo durante el primer día (véase a continuación).

Diario ABC para Kevin

Fecha/Hora	Antecedentes/ Desencadenantes	Comportamiento	Consecuencias
11/3 11:40 a.m.	Kevin camina hacia dos niños y les pregunta si puede jugar a damas con ellos. Le dicen, "No, acabamos de empezar."	Kevin entorna los ojos y empuja uno de los niños y luego se va.	El otro niño el ignora.
	Le pregunto a Kevin porqué había hecho eso.	Me dice, "Porque me odian y no me dejan jugar."	Intento explicarle que quizá sólo quieren que espere hasta que el juego haya terminado.
11/3 11:51 a.m.	Kevin está jugando en un cuadrado con otros compañeros. Su pelota cae muy cerca de la línea y uno de los otros niños dice que la pelota de Kevin está fuera de los límites.	Kevin dice que su pelota estaba en los límites levantándole la voz al otro niño.	El otro niño grita, "Estás fuera, Kevin. Siéntate." Los demás niños no dicen nada.
11/3 11:52 a.m.	Kevin y el otro niño continúan discutiendo, chillándose.	Kevin tira al niño al suelo.	El otro niño se levanta y se acerca a Kevin. Los demás niños hacen un círculo alrededor de ellos y el ayudante de comedor lo ve, pide a los niños qué ha pasado, y dicen que Kevin empujó al otro niño. El ayudante de comedor Lleva a Kevin al despacho del director donde se le informa De que no tendrá recreo el día siguiente.

Observar el patrón

Al revisar los ABC del comportamiento de Kevin en el recreo, empezamos a ver patrones. Parece que hay dos tipos de situaciones que son consecuentes con los desencadenantes: (1) ser rechazado cuando intenta unirse, y (2) discutir acerca de llamadas cuestionables. En el primero de los casos Kevin parecía interpretar el rechazo de modo personal, sentía que los demás le odiaban, lo que le irritaba y quería vengarse. No supo ver que sus compañeros no es que realmente no le quisieran, sólo querían que esperase a jugar en el juego siguiente. En el segundo de los casos, Kevin parecía frustrarse cuando creía que le daban una llamada injusta. Él se vengaba contra la injusticia que percibía.

En ninguna de esas situaciones parecía que Kevin tuviera alguna recompensa escondida. Viendo las consecuencias de sus acciones, los comportamientos agresivos daban lugar a castigos tanto de sus compañeros como de los adultos, así que no podemos decir que los comportamientos le permitieran salirse con la suya. El foco de nuestro plan de prevención no podía centrarse sólo en alterar las medidas disciplinarias, ya que ya había un plan de disciplina para desalentarle de ser agresivo. Desgraciadamente, la disciplina sola no estaba funcionando. La reacción de Kevin a esas situaciones hacía más difícil para él pensar con claridad acerca de las consecuencias de su comportamiento. El plan de prevención necesitará centrarse en alterar los desencadenantes de su irritación, y en cómo percibe el niño estos desencadenantes.

En el siguiente capítulo examinaremos cómo crear un buen plan de prevención en general, y en particular lo que hicimos para ayudar a Kevin.

Resumen del capítulo

+ Para comprender por qué un comportamiento problemático sigue ocurriendo, podemos efectuar una Valoración Conductual Funcional. Eso significa obtener información acerca de los ABC del comportamiento. Antecedentes (o desencadenantes), Comportamientos (lo que hizo el niño) y Consecuencias (qué sucedió después del comportamiento).

+ Para obtener los ABC, podemos entrevistar a otros, observar el comportamiento por nosotros mismos, y hacer un seguimiento de lo que hemos descubierto con un Diario ABC.

+ Al revisar el diario ABC, podemos empezar viendo algunos de los patrones de qué desencadena o causa los comportamientos. Basándonos en esta información, podemos juntar un plan de prevención para prevenir el comportamiento problemático.

6

CREAR UN PLAN DE PREVENCIÓN

TU MAMI TE TRAJO UN ELEFANTE ENCANTADOR Y UN BUEN MALABARISTA PARA DIVERTIRTE EN CASO DE QUE TE ABURRAS ESPERANDO LA COMIDA.

Para temas de menor importancia que sólo ocurren una vez con los hijos, no es necesario crear un plan de prevención exhaustivo. Por ejemplo, si tu hijo siempre se cepilla los dientes por la noche y una noche no quiere hacerlo, esto no nos induce a una valoración exhaustiva de por qué se produjo dicho problema. Por contra, cuando tienes un problema repetitivo con tu hijo, que no ha respondido a la dosis normal de normas y consecuencias, tiene sentido tratar de entender el motivo por el cual el problema persiste y crear un buen plan de prevención. Este fue el caso de Kevin (descrito en el capítulo anterior).

En este capítulo, trazo un modelo general para guiarte a la hora de crear planes de prevención para cualquier problema repetitivo que te encuentres con tus hijos. Te mostraré cómo se aplicó este modelo al problema del recreo persistente de Kevin. Luego, en los capítulos 7 a 10, aplicaremos este mismo modelo a algunas de las situaciones más normales en las que los niños experimentan derrumbes.

Componentes de un Buen Plan de Prevención

Deberían tenerse en consideración los cuatro componentes siguientes al crear un plan de prevención eficaz.

CAMBIAR LOS DESENCADENANTES

¿Cómo podemos cambiar las situaciones desencadenantes para que sea menos probable que se produzcan los comportamientos desafiantes? Podemos cambiar los aspectos siguientes de la situación:

+ **Sensor y estimulación.** Alterar las sensaciones de ruido, luz, olor, gusto y tacto en la situación. Algunos niños pueden necesitar entornos más tranquilos para trabajar. A ciertas personas las luces fluorescentes les distraen y funcionan mejor con luces incandescentes. Algunos niños encuentran ciertas texturas de alimentos o olores específicos ofensivos o no pueden tolerar la sensación de cierto tipo de prendas. Por contra, otros niños pueden ansiar ciertos tipos de sensación, se aburren fácilmente a menos que no tengan altos niveles de estimulación. Véase Kranowitz (2002) para una descripción completa de modificaciones sensoriales.

+ **Momento de la situación.** Cambiar cuando le pedimos a un niño que haga algo, tiene que ser cuando no esté excesivamente hambriento, cansado o enfermo al encarar un trabajo desafiante.

+ **Dificultad del trabajo.** Hacer un trabajo desafiante más fácil o de una duración más corta.

+ **Soportes visuales.** Usa dibujos o palabras escritas para aumentar la comprensión del material de aprendizaje o recordarles a

---

los estudiantes los pasos involucrados para terminar un traba-jo. Algunos ejemplos incluyen posters o tarjetas de notas que representan normas, u organizadores gráficos que muestren información en un formato web para aumentar la comprensión y luego recoger las historias de la información objetiva.

ENSEÑAR HABILIDADES PARA MANEJAR LOS DESENCADENANTES

¿Qué habilidades alternativas podemos enseñar al niño para que haga frente a las situaciones que desencadenan comportamientos problemáticos o derrumbes? La lista corta que encontrarás a con-tinuación muestra algunas habilidades para enseñar para distintos tipos de desencadenantes y comportamientos problemáticos.

Situación desencadenante	Comportamiento problemático	Habilidades alternativas*
Peticiones: Trabajo difícil, desafíos sensoriales, nuevas situaciones y/o demandas Sociales.	Evita o rechaza para participar.	Aprender a pedir ayuda, ver a otros hacer la tarea, negociar cómo y cuanto que hacer y cómo alterar una tarea desafiante. (Véase Capítulo 3)
Esperar: Ser negado alguna actividad u objeto o tener que esperar mucho tiempo para eso.	Demandas, berrinches, o represalias.	Aprender la "recompensa invisible" de tener que esperar un rato o aceptar un no: otros estaran contentos y te darán algo que quieras luego si puedes esperar. (Véase Capítulo 8)
Amenazas a la autoi-magen: Burlas, críticas, perder un juego y cometer errores.	Tomárlo como algo personal como un juicio negativo sobre uno mismo y sus habilidades.	Aprender a no percibir eventos como juicios acerca de las propias habilidades o carácter de uno mismo, pero en cambio verlo como un reflejo de los problemas de la otra persona o verlo como una oportunidad de aprender más. (Ver Capítulo 9)

La tabla continúa en la página siguiente

Situación desencadenante	Comportamiento problemático	Habilidades alternativas*
Deseos insatisfechos de atención: Querer jugar o interactuar con otros. Miedo al estar solo.	Molestar a otros para hacerlos que interactúen. Quejarse de que otros reciben más atención. Aferrarse a los demás.	Aprender formas efectivas para iniciar el juego, entender que eso se valora incluso cuando no se recibe atención y aprender a calmarse a sí mismo en lugar de depender de otros. (Véase Capítulo 10)

* Muchas de estas lecciones están resumidas en los Capítulos 7 a 10. Un conjunto más exhaustivo de lecciones de habilidades aparece en mis libros sobre habilidades sociales (Baker, 2003; 2005).

INTENTA SISTEMAS DE RECOMPENSA O PÉRDIDA

Eso significa recompensar lo positivo, habilidades alternativas y, bajo ciertas circunstancias, usar o perder un privilegio por participar en comportamientos dificultosos.

+ **Recompensas** puede incluir recompensas materiales de halago, tales como acceso a un juguete, una comida especial o juegos favoritos, o sistemas de puntuación que sumen a mayores recompensas como comprar un juguete nuevo o ir a un sitio especial.

+ **Pérdidas** puede ser ignorar el comportamiento o quitar un privilegio, como ver la televisión, horas en el ordenador o estar conectado. Los sistemas de pérdida deberían utilizarse sólo si la situación desencadenante ha sido modificada, al niño se le ha enseñado una forma mejor de gestionar la situación y se le recordó que tuviera un comportamiento positivo, en vez de elegir un comportamiento destructivo.

CONSIDERA ESTRATEGIAS BIOLÒGICAS Y FÍSICAS

+ **Cambios en la dieta** para reducir la irritabilidad y aumentar el autocontrol. Ciertas alergias pueden causar dolor crónico e irritación que pueden aumentar la irritabilidad. Reducir esos alérgenos puede disminuir el nivel general de frustración. Existen muchas dietas "cura todo" que no han sido demostradas como para pagar unas pruebas específicas de alergia para estar seguros de que los ajustes dietéticos son necesarios. También hay mucha investigación de que ciertos suplementos (ácidos grasos omega 3 del aceite de pescado) pueden aumentar la atención y mejorar el aprendizaje entre niños con problemas de atención (Sinn & Bryan, 2007).

+ **Ejercicio, meditación y otros modos físicos de relajación.** Hay una gran cantidad de datos sobre los efectos del ejercicio vigoroso para aumentar el estado de ánimo y el beneficio a largo plazo para el aprendizaje y la memoria. Estudios similares están empezando a surgir sobre el impacto de las prácticas de meditación. Un humor más reforzado y mayor atención y aprendizaje, todo sugiere que el ejercicio puede reducir la frustración. Un artículo reciente en la revista Newsweek resume mucha de la investigación sobre los efectos del ejercicio en el cerebro (Carmichael, marzo, 2007).

+ **Medicaciones que pueden alterar el control de los impulsos y el humor** Las medicaciones pueden ser una herramienta importante para mejorar el comportamiento, pero los efectos secundarios y la falta de estudios sobre los efectos a largo plazo en niños, no sería la primera cosa que queramos buscar. Todas las intervenciones descritas anteriormente deberían utilizarse antes de buscar una evaluación para la medicación. Si al cambiar los desencadenantes y las habilidades de aprendizaje dejan de funcionar, y el comportamiento es de proporciones críticas (p.e. El niño tiene el riesgo de ser expulsado de la escuela o hace intentos repetidos de suicidio), entonces buscar una evaluación acerca de la medicación puede ser una consideración válida. Un médico calificado debería valorar cuidadosamente los síntomas y luego monitorizar tanto los efectos secundarios negativos como los beneficios de la medicación durante todo el tratamiento. Esto significa que los médicos deberían obtener información directa sobre los efectos de la medicina gracias a los informes de los padres, de la escuela y de pruebas de laboratorio, para evaluar los niveles de medicación o los potenciales efectos secundarios.

Un plan de prevención para Kevin

En el caso de Kevin, centramos nuestros esfuerzos en alterar los desencadenantes de su agresión y enseñarle mejores formas de gestionar estos desencadenantes. En especial, queríamos asegurarnos de que tuviera gente con quien jugar, y entendiera lo que la gente quería decir cuando le decían de no podía unirse a un juego de forma inmediata. También queríamos asegurarnos de que estuviera preparado para llamadas "cuestionables" en el recreo y pudiera gestionar esas situaciones sin pelear. Lo siguiente muestra cómo sería el plan de Kevin usando cada uno de los componentes de un buen plan de prevención: cambiar los desencadenantes, enseñarle habilidades para gestionar los desencadenantes, recompensas y pérdidas y estrategias biológicas y físicas.

CAMBIAR LOS DESENCADENANTES

Puesto que uno de los desencadenantes principales surgía cuando los compañeros le decían que no podía jugar, queríamos hacer que esto sucediera menos a menudo. Queríamos asegurarnos de que siempre hubiera alguien con quien jugar. Pudimos estructurar un juego con la ayuda de los ayudantes de comedor y asegurarnos de que Kevin fuera invitado a jugar.

También le dimos a Kevin algunos juegos y pelotas para que los trajera al recreo, de forma que otros estudiantes necesitasen unirse a él para jugar, en vez de ser Kevin quien tuviera que unirse a una actividad que ya estaba en marcha.

A pesar de estos esfuerzos, aún había algunos desencadenantes que no pudimos detener. De forma ocasional, Kevin quería jugar a un juego que los ayudantes de comedor no habían preparado. En estos casos, un compañero le decía a Kevin que no podía jugar si el juego ya estaba en marcha. Así que tendría que aprender a esperar hasta empezar un nuevo juego, y a no interpretar el rechazo del compañero como un signo de rechazo.

Además, Kevin aún tendría que aprender a gestionar las "llamadas cuestionables" durante un juego. Aunque le dirigimos para jugar con los compañeros con menos probabilidad de discutir, no podíamos garantizar que nunca hubiera argumentos acerca de llamadas cuestionables.

En consecuencia, Kevin tendría que aprender a gestionar las llamadas cuestionables sin pelear.

ENSEÑAR HABILIDADES PARA MANEJAR LOS DESENCADENANTES

Le dije a Kevin que cuando los compañeros le decían que no podía jugar, generalmente significaba que tenía que esperar a que el juego terminase. No significaba que los compañeros no le quisieran. Le convencí de ello recordándole que muchos de los mismos chicos que al principio no le habían dejado jugar, le permitieron jugar después, al escoger los bandos para un nuevo juego. También discutimos cómo podía encontrar a alguien más para jugar, mientras esperaba a que terminase el juego al que realmente quería jugar.

Entonces, hablamos acerca del tema de las llamadas cuestionables durante el recreo. Le expliqué que él podía tener toda la razón sobre una llamada, pero si discutía hasta el punto de pelearse, tendría menos tiempo para jugar en el recreo, tanto porque habría tenido que sentarse para pelear o simplemente porque habría malgastado tanto tiempo discutiendo. Le pregunté qué era más importante, tener tiempo en el recreo para jugar o que todos estuvieran de acuerdo en que él tenía razón acerca de una llamada. Dudando estuvo de acuerdo que quería más tiempo para jugar. Le sugerí que si no discutía cuando le decían "fuera" en un juego como el juego de pelota "kickball" o "foursquare", entonces podría volver a entrar en el juego más rápido y tener más tiempo. También le recordé que muchos niños querrían jugar con él si no discutía las llamadas.

Ambas lecciones se resumían en una tarjeta de nota. Cuando enseñamos habilidades, no hay ninguna garantía de que un niño use la habilidad en la vida real.

Tarjeta de Nota

+ Si los niños no pueden jugar, deben esperar hasta el juego siguiente. Esto no significa que a nadie les disgusten. Tú puedes jugar a otro juego mientras esperas.

+ Habrá llamadas cuestionables. Si no discutes, tendrás más tiempo para jugar y más niños con los que jugar.

Para maximizar la posibilidad de que Kevin realmente usara las habilidades, quisimos recordárselas justo antes del momento en que las necesitara. Sus padres y yo pedimos al profesor revisar la tarjeta de nota con Kevin justo antes del recreo cada día durante varias semanas.

También pedimos que uno de los ayudantes de comedor hiciera un coaching en vivo con Kevin si veía que se molestaba por no jugar, recordándole que tendría que esperar a jugar en el próximo juego. De forma similar, también le pedimos que le recordara a Kevin que tendría más tiempo para jugar si no discutía una llamada, incluso si tenía razón.

Con la revisión de la tarjeta de nota justo antes del recreo, y un poco de coaching en vivo de estas habilidades durante el recreo, Kevin no volvió a mostrar comportamientos agresivos en el recreo.

INTENTA SISTEMAS DE RECOMPENSA O PÉRDIDA

Kevin era consciente de que tendría consecuencias por agredir durante el recreo, incluyendo la pérdida del recreo al día siguiente y no vería la televisión en casa. Su profesor también le ofrecía recompensas por cada día que no tuviera un altercado físico, pero nunca pregunto acerca de la recompensa. Parecía feliz tan sólo por haberlo conseguido en el recreo sin ningún problema. Kevin había necesitado una educación, no un programa de recompensas.

CONSIDERA ESTRATEGIAS BIOLÒGICAS Y FÍSICAS

A los padres de Kevin varios profesionales de la escuela les habían dicho que considerasen la medicación para ayudarle a reprimir su agresión. Sus padres lo estaban considerando, pero primero querían esperar a darle una oportunidad al plan de prevención. Con el éxito del plan de prevención, los padres de Kevin decidieron esperar acerca de la medicación.

Con mejores días en el recreo para Kevin, empezó a prosperar. Sus notas mejoraron e hizo algunos amigos sólidos. Sus padres y sus profesores estuvieron aliviados y se sintieron mejor acerca de su papel de guía con Kevin.

Los cuatro tipos de situaciones de los derrumbes

Ahora que hemos explorado cómo crear un plan general de prevención y lo hemos aplicado a la dificultad de Kevin, podemos considerar cómo podríamos aplicar el modelo a otras situaciones. Según mi experiencia, la mayoría de los desencadenantes de derrumbes pueden agruparse en una de las cuatro categorías a continuación:

+ **Peticiones:** Cuando los niños tienen que hacer un trabajo difícil como los deberes, una nueva situación social o experimentan un estímulo sensorial desagradable (como probar un alimento nuevo).

+ **Esperar:** Cuando no obtienen lo que quieren inmediatamente, o no pueden obtener lo que quieren, o tienen que dejar de hacer algo que les gusta.

+ **Amenazas a la autoimagen:** Cuando las situaciones hacen que los niños se sientan avergonzados o turbados, tales como perder en un juego, cometer errores, ser criticados o molestados.

+ **Deseos de atención no satisfechos:** Cuando otros no quieren jugar con ellos, cuando están celosos de los demás o cuando les da miedo estar solos.

Los capítulos 7 a 10 muestran ejemplos de planes de prevención que fueron creados para niños reales que se enfrentaban a estos tipos de situaciones. Cuando aplicamos el plan general de prevención para cada una de estas situaciones problemáticas más específicas, algunas de las categorías de intervención son más o menos relevante. (Por ejemplo, no todos los problemas requieren un programa de recompensas o pérdidas). Al utilizar el modelo general presentado en este capítulo, podemos efectuar intervenciones a medida para corregir los problemas específicos en cada situación.

Resumen del capítulo

Un buen plan de prevención tiene los componentes siguientes:

+ **Cambiar los desencadenantes.** Estos desencadenantes incluyen cambios en:

  – Peticiones sensoriales de la situación (p.e. Olor, luz, tacto, gusto y olfato).

  – Momento de la situación (p.e. Evitar tareas cuando un niño está excesivamente hambriento, cansado o enfermo),

  – Dificultad del trabajo (p.e. Hacer un trabajo más fácil o de menos duración).

  – Soportes visuales (p.e. Proporcionar dibujos o palabras para explicar lo que hay que hacer en cada situación).

+ **Enseñar habilidades para manejar las situaciones desencadenantes.** Estas son habilidades que sirven para sustituir los comportamientos negativos por positivos, maneras alternativas de gestionar los desencadenantes.

+ **Intentar sistemas de recompensa o pérdida**

  – Recompensar las habilidades alternativas positivas con halagos, privilegios, recompensas materiales o sistemas de puntos que se añadan a recompensas mayores.

  – Los sistemas de pérdida deberían utilizarse sólo si la situación desencadenante ha sido modificada, al niño se le ha enseñado una forma mejor de gestionar la situación y se le recordó que tuviera un comportamiento positivo en vez de elegir un comportamiento destructivo.

+ **Considerar estrategias biológicas y físicas** que podrían incluir:

- Cambios en la dieta
- Ejercicio, meditación y otros modos físicos de relajación.
- Cuando otro tipo de intervenciones fallan y el comportamiento interfiere gravemente con el funcionamiento, quizá queramos consultar con un médico acerca de la posibilidad de utilizar la terapia de medicación.

PLANES PARA LOS CUATRO TIPOS DE SITUACIONES DE LOS DERRUMBES

7

PETICIONES

PARA $2000, LA PRIMERA PREGUNTA ES ...

HORA DE HACER LOS DEBERES

A menudo, los comportamientos problemáticos se desencadenan cuando a los niños se les dice que hagan un trabajo difícil o desagradable. Esto puede incluir hacer los deberes, comer ciertos alimentos, vestirse, limpiar sus habitaciones o enfrentarse a una nueva situación social. Las páginas siguientes proporcionan planes para ayudar a los niños a gestionar algunas de estas situaciones.

Haz tus deberes

Jeff era un niño de siete años de mirada dulce y dificultades para escribir de lo cual se percató su profesor de primer grado. Aunque la escuela no encontró que sus dificultades fueran tan importantes como para tener servicios educativos especiales, iba rezagado en relación a los demás estudiantes en lectura y deletreo. En la escuela, el profesor pudo mantenerlo trabajando y Jeff intentó duro tratar de mantenerse al nivel del resto de la clase. Pero después de la escuela, la hora de hacer los deberes era un desastre. Se resistía a cualquier orden de leer o escribir, excepto para las matemáticas, que le gustaban. Los intentos de sus padres por hacerle leer o escribir eran recibidos con chistes malos, tirarse al suelo, pedir un sándwich, decir que estaba cansado o correr por toda la casa. Una hoja de cinco minutos podía durar una hora con los padres teniendo que perseguirle por toda la casa ofreciéndole recompensas o amenazándole con castigos.

CAMBIAR LOS DESENCADENANTES

Para reconducir su intento de evitar hacer los deberes, primero sus padres decidieron centrarse en cambiar los desencadenantes de su malestar. En especial, intentaron alterar el horario y la dificultad de sus deberes de lectura y escritura. Primero fijaron un horario para hacer los deberes pronto después de la escuela, antes de que estuviera demasiado cansado, y justo después de un sándwich, de forma que no tuviera hambre. Se aseguraron de que la zona estuviera en calma. Al principio, descompusieron los deberes en pasos pequeños pidiéndole que hiciera una pequeña parte. Una vez empezaba, a menudo deseaba hacer también las demás partes. Se ofrecieron a leerle la mitad de los párrafos por él, dejándole escoger el que quería leer. De forma similar, sólo le exigían que escribiera la mitad de los deberes, de nuevo dejándole elegir cuál escribiría. El darle estas elecciones por avanzado ayudaron a reducir su resistencia inicial de forma significativa.

ENSEÑAR HABILIDADES PARA MANEJAR LOS DESENCADENANTES

Sus padres le explicaron que se suponía que no podía hacer todo el trabajo y que esperaban que necesitase ayuda con ello. El profesor confirmó dicha afirmación para que Jeff no interpretase su dificultad como un signo de fallo en vez de una parte esperada del aprendizaje para hacer los deberes.

Sus padres pusieron énfasis en que siempre podría pedir ayuda en vez de evitar el trabajo, intentando parecer como si tuviera hambre o estuviera cansado. Revisaron esta habilidad justo antes de hacer los deberes cada día.

Sus padres también pidieron una tutoría privada para sus dificultades para leer de forma que pudiera aumentar su capacidad y confianza para descifrar palabras. El tutor planeó cuidadosamente sus lecciones privadas con trabajo divertido que pudiera hacer fácilmente, para que más adelante tuviera trabajo más desafiante. Con su ayuda, se sintió menos intimidado con la lectura y así era más propenso a hacer los deberes.

INTENTA SISTEMAS DE RECOMPENSA O PÉRDIDA

Sus padres le recordaron que tenía que hacer los deberes antes de ver la televisión o jugar. Esta recompensa diaria inmediata era más poderosa para Jeff que cualquier promesa de recompensa a largo plazo (como comprar nuevos juegos o privilegios especiales).

CONSIDERA ESTRATEGIAS BIOLÒGICAS Y FÍSICAS

Una cosa interesante que notaron fue que los días que hacía ejercicio fuera, tenía más ganas de intentar hacer los deberes. Así que sus padres intentaron poner un horario para que hiciera ejercicio cada día.

Con más elección para los deberes, tutorías para leer y mayores ganas de aceptar ayuda sin verlo como un signo de fallo, Jeff cooperó constantemente a la hora de los deberes. Las siguientes guías rápidas de referencia daban una lista con muchas ideas de las que elegir para diseñar un plan para ayudar a tu hijo a hacer los deberes.

Guía Rápida de Referencia por problemas al hacer los deberes escolares.

CAMBIAR LOS DESENCADENANTES

+ **Sensor y estimulación.**

– Ruido: proporcionar zonas más silenciosas para trabajar con menos estudiantes que rodeen al niño.

– Luz: considera la luz incandescente en vez de la fluorescente, ya que muchos niños se distraen con el parpadeo de las luces fluorescentes.

– Olor: reduce los olores en la zona de trabajo.

– Tacto: algunos estudiantes puede que necesiten más espacio que otros niños, ya que un ligero toque accidental con otros estudiantes puede distraerles. Otros niños pueden prestar mejor atención con alguna oportunidad para tener una percepción táctil. Por ejemplo, algunos niños se concentran mejor cuando están sentados en cojines especiales o acariciando objetos de una textura determinada. Ten en cuenta que algunos niños atienden peor cuando acarician ciertos objetos, así que debes decidir qué es mejor para *tu* hijo.

+ **Momento de la situación.** Evita poner trabajo a los estudiantes cuando están demasiado hambrientos, o antes de acostarse, cuando están cansados. Los estudiantes puede que necesiten un tentempié, actividad física o descansar antes de hacer los deberes.

+ **Dificultad de la tarea** (simplifica el trabajo)

– Cuando sea posible, dale al estudiante *una elección* de los deberes que tiene que hacer (p.e. Elegir qué libro leer o que historia escribir).

– De forma similar, utiliza los intereses del niño para hacer la tarea más atractiva. Deja que el niño escriba, hable o presente un interés especial. O pon deberes de matemáticas, o artes del lenguaje relacionadas con intereses especiales. Por ejemplo, a un niño que le gustan los dinosaurios podría hacer problemas de matemáticas acerca de la edad o tamaño de los dinosaurios o escribir frases acerca de los dinosaurios para las artes del lenguaje.

- *Descompón tareas grandes* en incrementos más pequeños y pídele al niño que haga sólo una pequeña parte para empezar.

- Cambia tareas recordatorias en tareas de *múltiple elección*. Por ejemplo, en vez de pedirle a un estudiante que escriba sobre lo que hizo durante el verano (donde tiene que recordar lo que hizo), que describa algunas cosas de las que hizo durante el verano y déjale elegir sobre lo que desea escribir.

- Los niños que tienen *dificultades para escribir a mano* deberían permitírseles escribir menos, dictar cintas o tener un escriba (una persona que escriba por ellos), o usar teclados (tabletas u ordenadores) para reducir el desafío. A veces pedirle a un niño que sólo diga en voz alta lo que escribirá, le ayuda a empezar con la tarea de escribir.

- *Acorta el tiempo* que los niños deben estar haciendo una tarea difícil. Por ejemplo, uno puede reducir la cantidad de deberes, o la cantidad de tiempo pasado haciendo unos deberes difíciles en clase.

- Da *tiempo extra para tareas* tales como pruebas, de forma que el niño no tenga que correr o estar distraído por preocupaciones acerca de quedarse sin tiempo.

- Permitir que el niño *cambie el medio* de una tarea. Por ejemplo, un proyecto de escritura puede convertirse en una película, una presentación oral o una diapositiva.

- Pídele al niño que *repita las instrucciones* antes de hacer la tarea para ver lo que hizo o lo que no comprendió.

+ **Soportes visuales**

 - *Utiliza organizadores gráficos.* Pueden ser mapas visuales que resuman la información en formato web para ayudar a la comprensión y posterior recuerdo. Por ejemplo, se puede ayudar a un niño a resumir los puntos principales de una historia y mostrar con flechas cómo se conectan las distintas ideas. La web puede utilizarse para ayudar a comprender cómo se relacionan las ideas unas con otras y ayudar al estudiante a recordar la información después para poder escribir o contar acerca del tema (véase ejemplo a continuación).

Mi salida escolar

 - *Utiliza una tarjeta de nota o lista de chequeo* para resumir los pasos necesarios para realizar una tarea en particular, como hacer un problema de matemáticas o un escr4ito, en vez de confiar sólo en instrucciones verbales.

ENSEÑAR HABILIDADES PARA MANEJAR LOS DESENCADENANTES

+ **Explica a los estudiantes que no se espera de ellos que sepan lo que hacer** cuando intentan un trabajo nuevo. Desafíales a ver cuánto pueden tolerar no saber lo que hacer. ¿Pueden esperar un minuto, cinco minutos, o el tiempo suficiente para estar haciendo la tarea hasta que descubran qué hacer?

+ **Enséñales los pasos siguientes para gestionar el trabajo difícil:**

- Primero inténtalo.
- Pide ayuda o primero mira como lo hace otra persona.
- Descomponlo en pasos más pequeños.
- Haz un trato: haz una parte y pide ayuda con la otra parte.
- Pide un breve descanso si lo necesitas y vuelve a intentarlo de nuevo.

INTENTA SISTEMAS DE RECOMPENSA O PÉRDIDA

+ **Accede a la posibilidad de tiempo de juego al cooperar con el trabajo.** Por cada parte de trabajo intentada o completada, da recompensas o puntos que puedan intercambiarse por recompensas, como tiempo para jugar a algún juego. (Nota: El juego y el ejercicio regular pueden ser cruciales para hacer que un niño esté listo para hacer el trabajo, de forma que no limitamos todo el juego hasta que el trabajo esté terminado.)

+ **Los sistemas de pérdidas sólo deberían utilizarse si se le había recordado al niño** que podía pedir ayuda para tener un pequeño descanso. Si, por contra, actúa agresivamente y rehúsa hacer el trabajo, se pueden retirar las recompensas o privilegios.

CONSIDERA ESTRATEGIAS BIOLÒGICAS Y FÍSICAS

+ Se ha demostrado que el ejercicio regular aumenta la atención de los estudiantes y aprenden con el tiempo.

+ **Los suplementos de Omega-3** pueden mejorar la atención y concentración para las tareas académicas, aunque sus efectos pueden no ser inmediatos (Sinn & Bryan, 2007). Los estudiantes con ADHD que toman medicación, pueden descubrir que también se benefician de tomar la medicación después de la escuela para ayudar a terminar los deberes. Como los estimulantes causan insomnio, deben ajustarse las dosis de forma que los efectos hayan desaparecido antes de acostarse.

Pruébalo, es delicioso.

Sandy era una niña de seis años que rechazaba comer cualquier cosa que no fueran galletas Goldfish. Su madre intentaba que comiera otras cosas, como queso, nuggets de pollo y algunas frutas y verduras. Cuanto más intentaba para que Sandy lo comiera, más se resistía la niña. Hay unas pocas cosas que los niños pequeños pueden controlar en sus vidas, pero comer no es una de ellas. Sandy y sus padres estaban en permanente lucha de poderes. Intentaron recompensar a Sandy con películas y juguetes por probar alimentos nuevos, lo que a veces funcionaba, pero tan pronto Sandy sentía su excitación por haber probado algo nuevo, volvía a rechazarlo.

Como alternativa, intentaron retirarle las galletas Goldfish hasta que hubiera comido algo más, lo que daba como resultado berrinches gritando que duraban horas. Aunque algunas veces había funcionado, los padres no deseaban seguir con la retirada de comida indefinidamente hasta que hubiera probado algo más. Esto es comprensible ya que, a diferencia de la mayoría de los niños que podrían "ceder" después de algunas horas, Sandy podía estar todo un día sin comer a menos que le dieran las galletas.

Al rastrear los ABC de este comportamiento, parecía no importar quién le pedía que comiera, ella evitaría cualquier otro alimento que no fueran las galletas Godlfish. A menudo se salía con la suya evitando comer otra cosa, ya que sus padres de vez en cuando cedían y se los daban. Aunque la intervención podía centrarse sólo en retirale las galletas hasta que hubiese comido algo más, sus padres no estaban preparados para este desafío. En su lugar, el tratamiento se centró en formas de exponerla de forma gradual a otros alimentos con muchos incentivos por probarlos.

CAMBIAR LOS DESENCADENANTES

Puesto que el control parecía ser el centro de las dificultades de Sandy, siempre se le daban elecciones acerca de los alimentos a probar. Sus padres empezaron a valorar sus intereses especiales. A ella le encantaban los dinosaurios. Pudieron encontrar galletitas con forma de dinosaurio, pasta y nuggets de pollo. También encontraron un cortador de galletas con forma de dinosaurio, que podía utilizarse para cortar trozos de manzana y pera. El primer alimento que introdujeron fue las galletitas de dinosaurio. Coger un alimento que fuera lo más cercano a lo que ya comía hizo la transición a los nuevos alimentos más fácil.

Al usar estos intereses especiales, sus padres la expusieron de forma gradual a nuevos alimentos preguntándole primero que los mirara. Lo siguiente que le pidieron fue que los oliera, los degustara y, en algunos casos, entonces se comiera un trozo pequeño.

Además, sus padres convencieron a algunos de los mejores amigos a comer estos alimentos delante de ella, presentándole lo buenos que sabían. A menudo ella quería ser como algunos de sus mejores amigos y ésta era una manera muy potente de azuzar su interés por probar estos alimentos.

ENSEÑAR HABILIDADES PARA MANEJAR LOS DESENCADENANTES

El tratamiento de elección para la mayoría de "miedos" es la exposición gradual a los artículos que tememos. Para que Sandy gradualmente viera, oliera, degustaran y luego comiera nuevos alimentos, le explicaron cómo a base de pequeños pasos para intentar cosas nuevas ayuda a la gente a superar sus temores. A Sandy se le recordó las muchas veces que ella temía algo hasta que lo probaba y luego al final veía que era bueno.

INTENTA SISTEMAS DE RECOMPENSA O PÉRDIDA

A Sandy se el dieron unos papeles para cada vez que miraba, olía, probaba o comía un trozo de alimento nuevo. Estos papeles podían guardarse para un viaje a una juguetería de la ciudad.

Desde el principio, los padres adoptaron una actitud neutral, para evitar entrar en una lucha de poder. Aunque las galletas Goldfish no estaban disponibles cuando intentaba comer nuevos alimentos, nunca fueron prohibidos. Prohibir las galletitas le habría recordado a Sandy las anteriores luchas de poder y habría aumentado su resistencia. Al principio Sandy no comía nuevos alimentos, pero normalmente deseaba al menos verlos. Cuando ganaba papeles, deseaba tener la oportunidad de oler, probar y, finalmente, comer los alimentos. Una vez había probado uno dos veces, parecía formar parte de la lista de alimentos que comería. La mayoría de las fobias funcionan de esta manera, una vez expuestos al artículo y viendo que no pasa nada malo, el temor desaparece. Este era el caso de Sandy. Después de dos semanas de hacer esto una vez al día, su círculo de alimentos se amplió para comer pasta, fruta y nuggets de pollo. Además, espontáneamente también empezó a probar nuevos alimentos en restaurantes y otros lugares.

Guía Rápida de Referencia para problemas en evitar nuevos tipos de comida

CAMBIAR LOS DESENCADENANTES

+ **Sensor y estimulación.**
  - Ruido y luz: considera zonas más tranquilas para probar nuevos alimentos y evitar una sobrecarga sensorial.
  - Olores: Coge alimentos con olores similares a los de sus alimentos favoritos, o introduce gradualmente alimentos con olores nuevos.
  - Tacto: coge alimentos con texturas similares a las de sus alimentos favoritos. Por ejemplo, un niño al que sólo le gustan los macarrones podría probar otras pastas antes de pasar a otras texturas.
  - Sabor: introduce nuevos alimentos que tengan un sabor similar al de sus alimentos favoritos, o empieza con alimentos dulces (incluso caramelos) para permitir que el niño se abra a probar cosas nuevas.

+ **Momento de la situación.** Es mejor probar nuevos alimentos cuando tanto los adultos como el niño no tienen prisa y de otro modo no estén demasiado estresados. Si las horas de comer normalmente son estresantes, con preparación y consiguiendo que los niños se sienten, puede que no sea el momento idóneo.

+ **Dificultad de la tarea**

- Dale al niño *una elección* de alimentos para comer.

- En vez de pedirles a los niños que coman grandes trozos de alimento, *crea una jerarquía de dificultad* desde observar el alimento, a olerlo, lamerlo, masticar un trozo pequeño, y luego tragar algunos trozos.

- De forma similar, utiliza *los intereses del niño* para hacer la tarea más atractiva. Si le gustan ciertos animales, haz que los alimentos se parezcan a los animales.

- *Utiliza el papel de los modelos* del niño o amigos para modelar el comer los alimentos nuevos. Por ejemplo, si al niño le gusta un superhéroe, explícale cómo come este alimento el superhéroe.

+ **Soportes visuales.** Recuérdale verbalmente al niño y con tarjetas de nota o posters que no tiene que comérselo todo, sólo mirarlo, olerlo, probarlo, masticar o tragar un trozo pequeño. Muéstrale recompensas que le esperan cuando prueba nuevos alimentos.

ENSEÑAR HABILIDADES PARA MANEJAR LOS DESENCADENANTES

+ **Piensa en lo que le gusta hacer al niño** y explícale que comer ciertos alimentos le darán la fuerza y la capacidad de hacer estas cosas (p.e. Deporte, lectura, baile, etc.)

+ **Muéstrale al niño** los efectos que estos alimentos tienen en sus papeles de modelo y en sus buenos amigos. Por ejemplo, explícale cómo su cantante favorito o su mejor amigo comen un alimento especialmente sano.

+ **Explícale al niño cómo funciona el miedo.**

- Existen miedos verdaderos y falsas alarmas. Los miedos verdaderos nos mantienen alejados de cosas que realmente son peligrosas, tales como tener miedo de agotarse en el tráfico. Las falsas alarmas nos mantienen alejados de cosas que realmente son buenas para nosotros, como tener miedo de los alimentos saludables.

- Con las falsas alarmas, normalmente tenemos miedo de ellas hasta que las probamos. Una vez las hemos probado, se vuelve mucho mejor de lo que pensábamos. Recuérdale las veces en que tenía miedo de algo que no era peligroso y luego resultaba que era bueno después de haberlo probado.

- Luego ayúdale a enfrentarse gradualmente a sus miedos mirando, oliendo, probando y después comiendo los nuevos alimentos.

INTENTA SISTEMAS DE RECOMPENSA O PÉRDIDA

+ **Por cada paso por intentar probar un alimento nuevo, ofrécele una recompensa.** La recompensa puede incluir comidas preferidas, juguetes o privilegios, o puntos que vayan sumando para comprar esas cosas. Asegúrate también de proporcionar la recompensa intrínseca de que ya están comiendo algo saludable y han vencido a sus temores.

+ **Los sistemas de pérdida pueden limitarse** a retirar el acceso a alimentos favoritos hasta que miren, huelan, prueben, mastiquen y traguen nuevos alimentos.

CONSIDERA ESTRATEGIAS BIOLÒGICAS Y FÍSICAS

+ **Permitir que un niño tenga hambre puede mejorar la posibilidad de que intente probar un alimento nuevo.** (Aunque si están demasiado hambrientos, pueden ser propensos al derrumbe).

+ **Haz ejercicio justo antes de intentar un alimento nuevo puede aumentar el apetito.** En general, el ejercicio puede reducir la ansiedad, aumentar el humor y, por lo tanto, aumentar las ganas de probar cosas nuevas.

¡Date prisa, el autobús se acerca!

Jared tenía nueve años y le costaba estar listo para ir a la escuela por la mañana. A sus padres les costaba despertarle. Una vez despierto, se quedaba en la cama a menos que le repitieran continuamente que se levantara- Podía vestirse solo perfectamente, cepillarse los dientes y hacerse su propio desayuno, pero no hacía ninguna de esas cosas sin que sus padres se lo estuviesen recordándoselo continuamente. Hacía todas las cosas por sí mismo durante los fines de semana, pero durante la semana, lo hacía tan despacio que sus padres le ayudaban con la mayoría de esas rutinas para que cogiera el autobús a tiempo. Parecía estar distraído mirando por la ventana, sus juegos, discutiendo sobre qué ropa ponerse o lo que comería para desayunar, y a veces tan sólo relajándose.

Muchos días, sus padres que también iban corriendo para estar listos, tenían que gritarle a Jared para que se moviera lo que daba como resultado que Jared se enfadase y todavía tardase más. Esto conducía a una espiral descendente entre Jared y sus padres, que iban enfadándose progresivamente. Los ABC de este comportamiento mostraba que los días de escuela siempre eran peores que los fines de semana. Jared también había comentado que no le gustaba la escuela, así que podíamos pensar que parte de su retraso estaba relacionado con su deseo de evitar ir a la escuela. Las reacciones de enfado de sus padres cuando holgazaneaba parecían desencadenar un mayor retraso por su parte.

Concluimos que su comportamiento estaba motivado por evitar estas estresantes rutinas matutinas cuando el resultado final era el tener que ir a la escuela. Si por contra podía desear una actividad más divertida, entonces estaría más motivados, como hacía los fines de semana.

CAMBIAR LOS DESENCADENANTES

Para intervenir, empezamos por identificar actividades divertidas que Jared pudiera hacer si terminaba su rutina matutina lo suficientemente temprano los días de cada día. Estas incluían jugar a videojuegos, ver la televisión y hacer ejercicio con su padre. Para hacer estas actividades, tendríamos que levantarnos un poco más temprano y así ir a dormir más temprano la noche antes. Sus padres también prepararon sus ropas y los artículos del desayuno la noche anterior, para que todo estuviera preparado para la mañana siguiente. Para ayudar a levantarse una vez estaba fuera de la cama, hicieron algunos saltos y sentadillas con él, que eran actividades que le gustaban.

ENSEÑAR HABILIDADES PARA MANEJAR LOS DESENCADENANTES

Le explicaron que, si podía vestirse y comer a cierta hora, le dejarían jugar con sus videojuegos, ver la televisión o hacer ejercicio con su padre. Puesto que nunca había sido capaz de hacer esas cosas las mañanas de los días laborables, estaba motivado para trabajar duro para tener ese tiempo extra.

INTENTA SISTEMAS DE RECOMPENSA O PÉRDIDA

Las recompensas y pérdidas se construyeron justo durante la lección de habilidades. Estar listo pronto concedía privilegios extras. Si decidía jugar con sus juegos antes de estar listo, estos artículos se retiraban hasta que hubiera terminado su rutina matutina.

A pesar de un par de noches tarde que condujeron a alguna dificultad por las mañanas, los padres dijeron que la rutina matutina ya no era la lucha que había sido en el pasado. Él se vestía y estaba listo de forma independiente y comentaba lo mucho que le gustaba el rato de jugar por la mañana antes de un día duro en la escuela.

Guía Rápida de Referencia para problemas para estar listo por la mañana

CAMBIAR LOS DESENCADENANTES

+ **Sensor y estimulación.**
  - Intenta asegurarte de tener un sueño nocturno adecuado para reducir estar soñoliento al despertarte.

- Comprometerse en hacer ejercicio puede aumentar el estar más despierto.

- Ruido y luz: Las luces brillantes y que de forma gradual se vaya elevando el ruido pueden ayudar a despertar al niño adormilado.

- Los alimentos que huelen y saben de forma deliciosa también pueden motivar a un niño para levantarse y tomar el desayuno.

- Tacto: Ciertos tipos de tacto, abrazos e incluso una lucha de juego puede aumentar el que esté bien despierto.

+ **Momento de la situación.** Si el niño ha dormido adecuadamente, es mejor empezar la rutina tan pronto como sea posible para que no se tenga que correr tanto y posiblemente, habrá actividades de recompensa cuando la rutina de la mañana haya terminado.

+ **Dificultad de la tarea** Para reducir el estrés de la mañana, trata de hacer tanto como te sea posible la noche anterior. Por ejemplo, bañarse, elegir las ropas y las cosas del desayuno, el pack de la comida, preparar la mochila de la escuela y cepillarse los dientes con pasta lista antes de acostarse.

+ **Soportes visuales** Usa una lista de comprobación matutina para recordarle al niño lo que debe hacer y qué recompensa le espera cuando haya acabado (p.e. "Lavarse la cara, cepillarse los dientes, vestirse, desayunar y cuando haya acabado, podrá jugar"). Intenta señalar a la lista de comprobación en vez de recordárselo sólo verbalmente al niño, ya que a menudo se acepta con menos resistencia.

ENSEÑAR HABILIDADES PARA MANEJAR LOS DESENCADENANTES

+ **Explícale** que la rutina matutina puede ser dura si está cansado, y acordad juntos qué cosas hacer para ayudarle a estar menos cansado, como irse a dormir más pronto, hacer ejercicio por la mañana y tener las cosas preparadas la noche anterior.

+ **Enséñale lo que hay para él** cuando consigue llevar a cabo la rutina matutina más deprisa. Subraya las actividades preferidas que tendrá tiempo de hacer cuando haya acabado con su rutina matutina.

INTENTA SISTEMAS DE RECOMPENSA O PÉRDIDA

+ **Dales acceso a actividades preferidas** como juegos, libros, televisión, jugar fuera o ir a dar un paseo con sus padres por haber terminado la rutina matutina más deprisa.

+ **Si un niño tiene acceso a un juguete o juego sin permiso** antes de que haya acabado su rutina matutina, puedes pensar en retirarle el acceso al juguete o al juego durante un breve periodo de tiempo (p.e. 24 horas). Retirar juguetes o privilegios durante periodos más largos de tiempo, a menudo empeora la situación disminuyendo la motivación del niño.

CONSIDERA ESTRATEGIAS BIOLÒGICAS Y FÍSICAS

+ **Hacer ejercicio por la mañana** puede ayudar a despertar el cuerpo y la mente.

+ **La medicación debería ser la última opción** cuando las demás estrategias han fallado. La melatonina puede ser un suplemento eficaz para promover que los niños tengan un buen sueño (Pavonen, Nieminen, Van Wendt et al., 2003) de forma que se despierten más fácilmente por la mañana. Los estimulantes pueden ayudar a los que sufren ADHD a centrarse mejor por la mañana para terminar su rutina, pero esta medicación a menudo tarda unos treinta minutos antes de que empiece a hacer efecto.

Ordenar

Eve era una niña de once años brillante pero desordenada, que continuamente dejaba sus cosas por toda la casa. Los esfuerzos de sus padres por establecer unas normas para ordenar por si misma no tuvo éxito, ya que Eve siempre decía que tenía otras cosas que hacer. Le ofrecieron recompensas (un vídeo, bocadillos, quedarse hasta tarde) por ordenar, pero ella continuaba estancada.Entonces, más tarde por la noche o al día siguiente, ordenaba una pequeña fracción de lo que había dejado tirado y entonces pedía su recompensa. Sus padres a menudos solían darle la recompensa ya que al menos había hecho algo, incluso si lo hacía un día más tarde. Cuando Eve rehusó completamente ordenar un desorden que estaba en medio del paso de todos, sus padres le explicaron que, si tenían que ordenarlo ellos, le quitarían los juguetes. En este punto ella empezó a golpearse la cabeza. Este comportamiento era alarmante para sus padres y acababa con que ellos tenían que sujetarla y decirle los daños de esta clase de acción. Después de que Eve se calmase en sus brazos, a menudo olvidaban que iban a quitarle el juguete. En vez de hacerlo, tenían que ordenar

sus juguetes por ella, y continuaron dándole acceso a los juguetes después.

Los ABC de estos comportamientos mostraron que Eve tenía éxito en evitar ordenar. Su comportamiento evasivo y el hecho de golpearse en última instancia eran efectivos para ayudarla a evitar ordenar. Aunque estaba claro que sus padres tenían que dejar de recompensar el desentenderse de Eve, no estaba claro por qué razón Eve iba hasta ese punto para evitar ordenar a la primera. Un buen plan de prevención debería considerar cómo hacer el orden menos desafiante además de hacer a Eve más responsable de ordenar su desorden.

CAMBIAR LOS DESENCADENANTES

Decidimos hacer más fácil para Eve ordenar comprándole contenedores con etiquetas para todos sus juguetes, para que fuera más fácil para ella saber dónde ponerlos. Segundo, sugerimos que sus padres al principio se ofrecieran a ayudarla a ordenar de forma que Eve no se sintiera agobiada por la cantidad de trabajo que implicaba. También les pedimos que dejaran de pedirle que ordenase justo antes de acostarse o a otras horas en las que Eve estaba cansada.

ENSEÑAR HABILIDADES PARA MANEJAR LOS DESENCADENANTES Y PROBAR LOS SISTEMAS DE RECOMPENSAS Y PÉRDIDAS

También le enseñamos a Eve que debía cumplir la primera vez para tener su recompensa por ordenar. No se ofrecía recompensa alguna por ordenar ""algunas veces"". Además, le explicamos que, si rehusaba participar para ordenar, entonces sus padres le retirarían los artículos y estarían fuera de los límites para ella durante 24 horas. Si se golpeaba a sí misma, se les dijo a sus padres que la ignorasen. Si estaban preocupados por que pudiera hacerse daño realmente, podían cogerla, pero no le devolverían los juguetes antes de que hubieran pasado 24 horas.

Aunque Eve continuó evitándolo al principio, después de una semana era más propensa a ordenar, dada la facilidad de la tarea con los contenedores organizados y la ayuda de sus padres. Un día rechazó hacerlo, y cuando se le dijo que perdería sus juguetes, se golpeó. Sin embargo, después de ver que esto no le devolvía sus juguetes o que obtenía alguna reacción por parte de sus padres, no lo volvió a hacer. Tanto Eve como sus padres explicaron sentimientos menos estresantes y con más confianza en sí mismos.

Guía Rápida de Referencia para problemas de orden

CAMBIAR LOS DESENCADENANTES

→ **Sensor y estimulación.** La hora de ordenar irá mejor cuando el niño no está abrumado. Fuentes de estimulación que compiten, como la televisión y los juegos, deberían detenerse antes de intentar ordenar.

+ **Momento de la situación.** Considera cuándo pedirles a los niños que ordenen. Intenta evitarlo justo antes de irse a la cama cuando pueden estar demasiado cansados.

+ **Dificultad de la tarea**

  - Ofréceles ayuda para ordenar, compartiendo el trabajo o ayudándoles a empezar.

  - Crea papeleras etiquetas para facilitar el orden y encontrar los juguetes.

+ **Soportes visuales** Considera cómo de claras son las instrucciones para ordenar. ¿Sabe el niño dónde van las cosas? Utiliza etiquetas escritas o dibujadas para hacerlo más claro.

ENSEÑAR HABILIDADES PARA MANEJAR LOS DESENCADENANTES

+ **Enseñar forma de organizar las pertenencias.** Los niños encontrarán cosas más fácilmente cuando las conservan organizadas en estanterías o cajas.

+ **Explícales que tu confías en ellos para jugar con ciertos artículos** sólo si ordenaban. Si no lo hacían, podían perder el privilegio de jugar con estos artículos.

INTENTA SISTEMAS DE RECOMPENSA O PÉRDIDA

+ **Considera el utilizar recompensas por ordenar,** como un permiso, acceso a ciertas actividades, juguetes, tiempo con sus padres, bocadillos, o puntos para recompensas a largo plazo (p.e. Artículos que tu comprarías al final de toda una semana de ordenar de forma satisfactoria).

+ **Si un niño rehúsa ordenar artículos** y los padres terminan ordenando, piensa en limitar el acceso a estos artículos durante breves periodos (p.e. 24 horas).

Vamos a la fiesta

Carrie era una niña de cinco años que siempre había sido tímida con la gente nueva y reticente a explorar nuevas situaciones por sí misma. Cuando la invitaban a fiestas de cumpleaños, sólo iba si sus padres de quedaban con ella e, incluso así, no participaba en ninguna de las actividades, prefiriendo en su lugar quedarse pegada a sus padres. Si le decían que probara una actividad, entonces se quejaba y finalmente gritaba o golpeaba a sus padres.

Cuando sus padres querían que fuera a la fiesta de otros niños o a una actividad recreativa, a menudo rehusaba ir. Si la familia intentaba llevarla, se tiraba al suelo y no quería marcharse. Sus padres habían intentado suavemente alentarla y a veces la llevaban a rastras físicamente. Nada cambió su nivel de cooperación. A veces, una vez estaba en un lugar nuevo durante una hora, empezaba a sentirse cómoda y se lo pasaba bien.

A pesar de adaptarse ocasionalmente a estas nuevas situaciones, continuaba peleándose con sus padres antes de las salidas. Sus padres empezaron a sentirse como secuestrados por la ansiedad de su hija.

CAMBIAR LOS DESENCADENANTES Y ENSEÑAR HABILIDADES PARA MANEJAR LOS DESENCADENANTES

Según mi consejo, sus padres le aseguraron que no tenía que participar totalmente en nuevas actividades, sino que podía quedarse al lado de sus padres y ver hasta que se sintiera más cómoda. Esto hacía más soportable su temperamento "de aproximación lenta" y evitaba las luchas de poder y le continuaba ayudando a encarar sus temores. Sus padres también le dijeron que podía traer su osito con ella para que la reconfortase hasta que se sintiera mejor.

Le enseñamos a Carrie que, aunque a menudo está nerviosa durante la primera hora que va a alguna parte, normalmente después se siente mejor. Se le recordó que todas las veces que al principio había sentido miedo, luego se había divertido. Se le pidió que dijera cuánto rato le costaría sentirse cómoda en cada nueva situación. La pregunta en sí misma la ayudó a comprender que su ansiedad era sólo temporal.

INTENTA SISTEMAS DE RECOMPENSA O PÉRDIDA

También se estableció un sistema de recompensas para proporcionarle incentivos a Carrie por salir o ir a fiestas, sin exigirle que participara completamente. Una vez allí, normalmente no participaba hasta después de un periodo de acogida normal, así que le ofrecerían más incentivos para intentar una actividad. Por ejemplo, en una fiesta de cumpleaños, sus padres podían ofrecerle un bocadillo especial si participaba en un juego al que los niños estaban jugando. Sus padres empezarían el juego con ella si no lo hacía por sí misma, y luego, una vez se estuviera divirtiendo la mirarían desde lejos.

A medida que Carrie y sus padres continuaron usando este enfoque y salían con regularidad, Carrie ganó más intuición sobre la forma en que funcionaba su ansiedad. Al revisarlo con ella, aprendió que no necesitaba tiempo para acostumbrarse, ya que luego estaba bien. Incluso comentó con sus padres, "Sabéis que me cuesta horas hasta que me siento cómoda."" Tanto Carrie como sus padres lo aceptaron y trabajando con ella durante el periodo de calentamiento, había menos conflicto y más ganas por su parte de salir.

Guía Rápida de Referencia para Miedo a Ir a Lugares Nuevos

CAMBIAR LOS DESENCADENANTES

+ **Sensor y estimulación.** Algunos niños prefieren entornos menos estimulantes (p.e. Una biblioteca) mientras que otros prefieren un entorno altamente estimulante (p.e. un parque de atracciones). *Respeta las preferencias de tu hijo.* No obstante, puede haber momentos en los que tu hijo tenga que ir a lugares que no le gustan. Entonces sería inteligente ayudar a alterar el nivel de estímulo, usando algunas de las técnicas siguientes:

  – Usar auriculares o cascos que inhiban el sonido en entornos ruidosos.

- Ofrecer descansos frecuentes en zonas más tranquilas para espacios concurridos. Por ejemplo, dar un paseo durante una fiesta de cumpleaños en el interior de una casa para descansar de la concurrencia o del ruido.

- Permitir que el niño utilice un animal favorito, juguete o juego para mantenerlo ocupado y aliviado durante la salida.

+ **Momento de la situación.** Intentar salir cuando el niño no esté exhausto o demasiado hambriento. Pensar en traer bocadillos o permitirle descansar en el coche antes de intentar una salida desafiante.

+ **Dificultad de la tarea**

- *Descomponer la situación temida en pasos más pequeños* como permitirle empezar viendo el acontecimiento estando cerca de sus padres, luego probar durante un minuto la actividad, y etc. Permitir que el niño elija a qué paso quiere enfrentarse. A menudo, permitir al niño que vea como otros toman parte en una actividad sin forzarle a unirse, le permite participar sin resistencia.

- Permite al niño *hacer descansos* durante la salida o reducir la duración total que necesita para estar en el lugar nuevo llegando tarde o marchando pronto.

+ **Soportes visuales** Utiliza un esquema escrito para explicarle al niño lo que va a pasar al salir. De forma similar, repasa cualquier instrucción para los juegos que puedan jugarse si la salida es un evento social.

ENSEÑAR HABILIDADES PARA MANEJAR LOS DESENCADENANTES

+ **Explica cómo funcionan los temores.**

- Hay "temores verdaderos" y "falsas alarmas." Los temores verdaderos nos mantienen alejados de cosas que realmente son peligrosas, como tener miedo de agotarse en el tráfico Las falsas alarmas nos mantiene alejados de cosas que realmente son buenas para nosotros, o potencialmente divertidas.

- Con las falsas alarmas, normalmente tenemos miedo de ellas hasta que las probamos. Una vez las probamos, nos damos cuenta de que es mucho mejor o más fácil de lo que pensábamos que sería. Recuérdale al niño las veces en que tenía miedo de algo que no era peligroso y luego resultaba que era bueno después de haberlo probado.

- Ayúdale al niño a desarrollar jerarquías para enfrentarse a las situaciones temidas, desde sólo hablar acerca del evento, a mirarlo, a participar completamente en él. Pregunta qué parte del niño siente que quiere probarlo, y luego explícale que una vez está cómodo, puede cambiar la jerarquía a la situación siguiente. Dale un sentido de que puede controlar lo que hará en el próximo nivel, y continúa alentándole a probar el paso siguiente.

INTENTA SISTEMAS DE RECOMPENSA O PÉRDIDA

+ **Utiliza incentivos**, como bocadillos, juguetes, privilegios o puntos que puedan cambiarse por recompensas por intentar enfrentarse a cada paso de una situación desafiante.

+ **Evita castigar a los niños por sus sentimientos de ansiedad.** En su lugar, continúa alentándoles para que hagan pasos pequeños hacia enfrentarse al temor.

CONSIDERA ESTRATEGIAS BIOLÒGICAS Y FÍSICAS

+ **Intenta utilizar actividades relajantes** como hacer respiraciones profundas, meditar o hacer estiramientos para ayudar a calmar a los niños antes de enfrentarse a sus temores.

+ **El ejercicio vigoroso puede reducir en gran medida la ansiedad de forma temporal.**

- Así pues, considera el hacer ejercicio en la mañana del día de la salida.

+ **La medicación debería ser el último recurso.** Si las intervenciones anteriores han fracasado, y el comportamiento está limitando gravemente los lugares a los que puede ir el niño, sería aconsejable buscar la ayuda profesional, incluida la posibilidad de evaluar la medicación. A veces, la medicación anti-ansiedad y antidepresiva pueden ayudar a los niños a exponerse a situaciones de temor, reduciéndolo con el tiempo y en última instancia permitiendo que la medicación los haga desaparecer.

8

ESPERAR

NO, NO PUEDES TENER UN PEDAZO EN ESTE MOMENTO, PERO SI ESTÁS TRANQUILA, MAMÁ TIENE ALGUNOS HERMOSOS PREMIOS DE CONSOLACIÓN DETRÁS DE LA CORTINA # 2.

La mayoría de los niños tienen alguna dificultad para esperar por lo que desean. Lo siguiente describe tres de las situaciones más comunes en las que los niños deben retrasarse en su camino. El ejemplo más directo se produce cuando los niños ven o piensan en algo que quieren, que realmente pueden tenerlo, aunque tendrán que esperar un periodo de tiempo. Otra situación se produce cuando los niños no pueden tener algo de ninguna manera, una situación que llamamos "aceptar un no por respuesta." Una situación relacionada ocurre cuando los niños deben dejar de hacer algo divertido, como jugar, para hacer algo menos divertido, como hacer los deberes. Todas estas situaciones requieren que los niños se retrasen en obtener su gratificación. Cuando este retraso es impuesto, algunos niños se derrumben o hacen un berrinche.

Sólo espera

Ian tenía cinco años cuando fue a la guardería. Sus profesores se quejaban de que continuamente pedía atención. Cuando los profesores estaban ayudando a otros estudiantes o tratando de leer un cuento, Ian interrumpía para hacer una pregunta o simplemente charlar con los profesores acerca de su día o fin de semana. Los profesores le decían que esperase, pero lo volvía a hacer justo al cabo de un minuto.

En casa, los padres de Ian se quejaban de que interrumpía las discusiones con otros adultos, interfería en sus llamadas telefónicas, y no podía tolerar cuando hablaban con su hermana de cuatro años. En general, describían a Ian como un niño con mucha energía que requería atención constante por parte de los demás. Cuando Ian tenía que esperar a obtener la atención de sus padres, se enfadaba y gritaba y empieza a golpearles para obtener su atención.

Los ABC de este comportamiento a base de golpes enfadados demostraba que el desencadenante normalmente era el tener que esperar a obtener la atención de los adultos. A menudo sus gritos y golpes conseguían captar la atención de los adultos, aunque era una atención enfadada. Sus padres querían ayudarle a aprender a esperar.

CAMBIAR LOS DESENCADENANTES

Para ayudar a gestionar la espera, les pedía a sus padres y profesor que creasen ratos cortos para él cuando pudiera tener la atención de los adultos sin dividir si esperaba tranquilamente sin interrumpir. En la escuela, el profesor le concedió dos periodos de cinco minutos para hablar sólo con él. En casa, le pusieron un horario para tener un "rato especial" con uno de sus padres cada noche durante veinte minutos en los que hablarían con él o jugarían sólo con él.

Entonces, tanto los padres como los profesores usaron un sistema de "señales de tráfico" para enseñarle de forma visual cuando estaba bien o no acercarse a ellos en otro momento. Los padres colgarían un papel verde o rojo en la cocina para indicar cuándo podía o no interrumpir, y el profesor usaría un papel similar rojo/verde para decirle a la clase cuándo estaba bien o no interrumpir. Para ayudarle a entender cómo pasar el rato para que supiera cuándo iba a llegar su rato especial para hablar, sus padres y profesores usaron un Temporizador (como uno de cocina con una forma grande de color que fuera disminuyendo a medida que pasase el tiempo - disponible en la mayoría de las tiendas de educación especial y sitios web). También de dimos a Ian un juego de actividades que podía hacer de forma independiente cuando estaba esperando a su profesor o a sus padres. Como era un niño con mucha energía con necesidad de muchos estímulos, le dimos rompecabezas, juegos, material para dibujar y otras actividades en una caja "para hacer" para ayudarle a mantenerse ocupado en la escuela y en casa mientras esperaba.

ENSEÑAR HABILIDADES PARA MANEJAR LOS DESENCADENANTES

Le enseñamos las veces que estaba bien interrumpir (cuando los adultos no estaban hablando entre ellos) y cómo esperar a que hicieran una pausa y decirles "perdonen." Las señales verde y roja también se introducían para recordarle si era el momento adecuado para interrumpir.

Describimos cómo podía mantenerse ocupado con la caja "para hacer" mientras esperaba, y le explicamos que incluso cuando los adultos no estaban hablando entre ellos, todavía pensaban en él y estaban muy orgullosos de que jugara de forma independiente.

Finalmente, le enseñamos acerca de la "recompensa invisible" por esperar pacientemente: que los adultos estarán tan contentos que le darán más de lo que desea más tarde (p.e. su atención total).

INTENTA SISTEMAS DE RECOMPENSA O PÉRDIDA

La recompensa más importante era recompensarle por jugar de forma independiente y esperar. Antes de que tuviera oportunidad de interrumpir (aproximadamente en un intervalo de un minuto), el profesor y sus padres comentaron lo orgullosos que estaban de que no hubiese interrumpido. Finalmente pudieron aumentar el intervalo hasta aproximadamente veinte minutos antes de alabarle por no interrumpir. Finalmente, por esperar con paciencia, Ian ganaría un rato especial solo con su profesor o padre o madre. Puesto que anhelaba la atención, este halago positivo tenía mucha importancia para él.

Si Ian interrumpía cuando no estaba permitido (cuando la señal roja estaba hacia arriba), se les dijo a los profesores y a sus padres sólo una cosa: recordarle cuándo podría hablar con ellos. Después de haber hecho esta afirmación, le ignorarían hasta que fuera el momento o la señal verde estuviera hacia arriba. Esto era de más ayuda que ignorarlo totalmente, que previamente había conducido a Ian a pensar que nunca podría hablar con un adulto, lo que aumentaba su frustración.

Aunque Ian continuaba siendo un niño joven activo y hablador, pronto aprendió a estar ocupado por sí mismo cuando los adultos no estaban disponibles. Además, fue capaz de esperar a que le tocara el turno con los adultos utilizando los contadores. Tanto el profesor como sus padres estaban de acuerdo en que Ian necesitaba mucha menos atención y era más paciente.

Guía Rápida de Referencia para problemas de Espera

CAMBIAR LOS DESENCADENANTES

+ **Sensor y estimulación.** Muchos niños que tienen problemas para esperar necesitan muchos estímulos. Es la falta de estímulos lo que les conduce al aburrimiento y la dificultad por esperar. Así, es crucial que estos niños tengan actividades para hacer mientras esperan. Algunos ejemplos pueden incluir:

   – Una caja "para hacer" que tuviera varias actividades de las que pudiera coger.

   – Acceso a juegos o actividades favoritas, tales como libros,

   – videojuegos caseros, o DVD, jugadores que le ayuden a pasar el rato mientras esperan.

   – Algún trabajo que hacer, como ayudar a sus padres a encontrar cosas en una tienda en vez de sólo esperar a que sus padres hayan hecho la compra.

+ **Momento de la situación.** Los niños ganarán más capacidad de esperar cuando no estén demasiado cansados. Si tienen hambre, será más difícil que esperen para conseguir su comida. Así, éstos pueden no ser los mejores momentos para trabajar o esperar.

+ **Dificultad de la tarea**

  – *Haz un esquema de momentos* en los que puedan tener lo que quieren. Sabiendo que podrán tener lo que deseen en un momento determinado puede hacer más fácil esperar.

  – *Mantenerlos ocupados* con actividades que puedan hacer independientemente mientras esperan (tal como hemos descrito anteriormente).

  – *Pueden escribir o dibujar las preguntas* para los padres o profesores, de forma que no olviden lo que querían decir mientras esperan.

+ **Soportes visuales**

  – Usar un *contador visual* para ayudar a los niños a saber cuándo podrán obtener lo que desean. Existen muchos contadores especiales que se parecen a los tradicionales, pero que tienen una zona más grande de color que va disminuyendo a medida que pasa el tiempo. Esto ayuda a los niños a apreciar cuánto tiempo queda.

  – Utiliza *tarjetas rojas y verdes* (como las señales de tráfico) para indicar cuándo puede o no puede un niño pedir lo que desea.

  – Explicar que una *puerta cerrada* puede indicar que no se puede interrumpir, o al menos que hay que golpearla antes de entrar.

  – Utilizar un *esquema escrito* para indicarle al niño cuándo tendrá lo que desea.

ENSEÑAR HABILIDADES PARA MANEJAR LOS DESENCADENANTES

+ **Explicar las recompensas escondidas por esperar.** "Otros estarán contentos cuando tus esperes y estarán más predispuestos a darte lo que deseas." Esto puede subrayarse ofreciendo mayor cantidad de lo que quieren por esperar periodos de tiempo más largos, de forma que los niños puedan ver claramente el beneficio de esperar. Por ejemplo, un niño que desea un bocadillo puede aprender que tendrá uno si espera unos minutos, o dos si espera cinco minutos, o tres si espera quince minutos.

+ **Enseñar las normas por interrumpir.**

- En clase, levanta la mano y espera a que se te llame. En una conversación, esperar a que se haga una pausa, o cuando otros no estén ocupados.

- Intenta ponerte en el campo de visión de la persona de forma que te vea.

- Di "Perdón...." luego pide lo que quieres.

- Piensa en cuántas veces podemos interrumpir. Por ejemplo, a veces se les dice a los estudiantes que pueden interrumpir sólo dos veces en una clase, entonces tendrán que esperar hasta el próximo periodo de clase.

INTENTA SISTEMAS DE RECOMPENSA O PÉRDIDA

+ **Halaga a los niños por esperar sin interrumpir.** Piensa en utilizar un sistema de puntos por cada vez que un niño espera. Puede que tengas que halagarle por esperar durante periodos de tiempo cortos al principio (p.e. Menos de un minuto) y luego extender el intervalo por periodos de tiempo más largos. Si esperas más rato, puede interrumpir y tu perderás la ocasión de premiarle por el rato que tuvo que esperar.

+ **Cuando te interrumpan, recuérdale al niño que espere** hasta el momento adecuado, y entonces ignora las interrupciones posteriores.

CONSIDERA ESTRATEGIAS BIOLÒGICAS Y FÍSICAS

+ **El ejercicio vigoroso puede mejorar temporalmente el humor y el autocontrol,** y así puede aumentar la capacidad de esperar.

> ◆ **La medicación puede ser útil, pero debería ser el último recurso.** Cuando las intervenciones anteriores han fallado, y existen dificultades para esperar en muchas situaciones, limitando gravemente la capacidad de obrar del niño en casa y en la escuela, entonces debería buscarse una evaluación por parte de un profesional psiquiátrico calificado y considerar la posibilidad de dar alguna medicación.

No siempre puedes tener lo que quieres

Jamie era un niño de diez años que vivía con sus padres y dos hermanos más pequeños. Durante varios años, sus padres habían intentado evitar llevarlo a jugueterías, restaurantes o tiendas de comestibles porque siempre les pedía un juego nuevo, un juguete, caramelos o postres y montaba una escena llorando y diciéndoles palabrotas cuando no se salía con la suya. Aunque alguna vez habían cedido cuando tenían prisa, normalmente no lo hacían. En su lugar, sólo esperaban a que se le pasara el berrinche.

Aunque siempre estaba impaciente, el problema se había agravado con la llegada de sus entonces hermanos de cinco y dos años con los que tenía que compartir la atención de sus padres y los recursos caseros. Cuando Jamie empezó con los berrinches para obtener algo, sus hermanos le imitaban y pedían tener lo que ellos querían, también. Sus padres empezaban a estar abrumados con las exigencias de sus hijos. Les era más fácil ignorar las exigencias en casa, pero cuando estaban fuera, en público, se sentían avergonzados por el comportamiento de sus hijos. Se sentían incapaces de ir a ningún sitio sin que alguno perdiera el control.

Los ABC sugerían que salir fuera con todos los niños era más un desafío que ir sólo con Jamie. Jamie sabía que sus padres no podían hacer frente a sus exigencias tan fácilmente cuando sus hermanos también venían, de hecho, sus padres cedían a sus exigencias más a menudo cuando iban con todos los hijos. Además, Jamie había comentado que sus hermanos lo tenían "todo", lo que sugería que estaba celoso de ellos. Sus padres habían castigado a Jamie por hacer berrinches rehusando llevarle fuera otra vez, pero esto no había alterado su comportamiento. A la siguiente salida, volvería a tener las mismas exigencias y berrinches, si no conseguía lo que quería.

CAMBIAR LOS DESENCADENANTES

Por los comentarios de Jamie, teníamos la hipótesis de que sus exigencias estaban en parte relacionadas con los sentimientos de celos acerca de la atención que recibían sus hermanos por parte de sus padres. Así que nos aseguramos de que Jamie tuviera un rato especial con sus padres sin sus hermanos, de forma regular. Durante veinte minutos cada noche, uno de sus padres jugaría sólo con él.

Como salir fuera con los tres niños era especialmente desafiante, sus padres y yo decidimos limitar las salidas con Jamie a esos ratos en que sus hermanos no tenían que acompañarlos. Además, sus padres trataron de evitar llevarle a los lugares más tentadores (p.e. Una juguetería o cerca de una tienda de caramelos). También le dieron un lote de actividades (libros, revistas o videojuegos) para entretenerse sólo durante una salida, para que sus exigencias no fueran provocadas por el aburrimiento.

ENSEÑAR HABILIDADES PARA MANEJAR LOS DESENCADENANTES

Les dije a los padres de Jamie que le recordasen antes de salir, lo que pasaría si podía "aceptar un no" por respuesta o ni siquiera pedirles algo. Le explicaron que estarían tan contentos que le darían algo más que quisiera al final de la salida. Las cosas que eligieron darle no eran recompensas "extra", sino cosas que le habrían dado de todas formas, como jugar un rato a solas con su padre, tiempo para ver un show en la televisión o jugar fuera, un postre después de cenar o un pequeño bocadillo.

Para practicar esta habilidad, primero tenemos que incitarle a preguntar cosas que sabíamos que no quería, como pedir un bocadillo justo después de comer. Diríamos no y le incitaríamos a decir "vale" sin enojarse. Entonces diríamos, "¡Esto es estupendo!" "Aceptaste un no, lo que nos hace tan felices que luego te daremos algo que deseas." Sus padres intentaron construir una historia de halagarle por aceptar un no antes de hacer salidas fuera de casa. Al ir a salir, le recordarían lo bien que lo había hecho "aceptando un no" y que creían que podría hacerlo también cuando salieran y sus padres se sentirían orgullosos y le darían algo después.

INTENTA SISTEMAS DE RECOMPENSA O PÉRDIDA

La recompensa de tener algo más tarde estaba dentro de la habilidad de "aceptar un no." Normalmente, estos eran privilegios que Jamie habría recibido de todos modos, pero sus padres pusieron énfasis en el hecho que de que recibiría esas cosas por aceptar un no. Además, sus padres le pusieron un sistema de puntos, y cada vez que aceptara un no o no pidiera algo al salir le darían un punto (un punto por salida). Al terminar la semana, estos puntos podrían cambiarse por una recompensa especial, como un juguete nuevo, o una salida especial el fin de semana.

Sus padres continuaron utilizando consecuencias por las rabietas durante las salidas, lo que significaba que no podría ir a la siguiente salida preparada y podría perder acceso a sus videojuegos o televisión en casa por la noche.

Con el tiempo, quedó claro que Jamie apreciaba sus ratos a solas con sus padres, a menudo comentaba lo bueno que era estar con ellos. A medida que fue más consciente de la importancia de "aceptar un no" cuando pedía artículos materiales, parecía menos centrado en obtener esas cosas a medida que las pedía con mucha menos frecuencia. Sus padres apreciaron el cambio en el comportamiento de Jamie y estaban contentos de hacer el esfuerzo por pasar tiempo con él. Sus padres comentaron que quizá el deseo insaciable anterior de Jamie por juguetes era un sustituto parcial de su deseo por estar con ellos.

Guía Rápida de Referencia para problemas de "Aceptar un No"

CAMBIAR LOS DESENCADENANTES

+ **Sensor y estimulación.** Muchos niños que tienen problemas para esperar necesitan mucho estímulo. La falta de estímulo puede conducir al aburrimiento y al consiguiente hecho de pedir cosas para entretenerse. Así, es crucial que estos niños tengan actividades para hacer mientras esperan. Algunos ejemplos pueden incluir:

  - Una caja "para hacer" que tuviera varias actividades de las que pudiera coger.

  - Acceso a juegos o actividades, tales como libros, videojuegos caseros, o DVD, jugadores que le ayuden a pasar el rato mientras esperan.

  - Algún trabajo que hacer, como ayudar a sus padres a encontrar cosas en una tienda en vez de sólo esperar a que sus padres hayan hecho la compra.

+ **Momento de la situación.** Los niños ganarán más capacidad de esperar cuando no estén demasiado cansados.

+ **Dificultad de la tarea**

  - *Haz un esquema de momentos* en los que puedan tener algo que desean si aceptan un no o se están de pedir cosas. Saber que podrán tener algo más que desean, les da un motivo para controlarse.

  - *Mantenerlos ocupados* con actividades que puedan hacer independientemente mientras esperan (tal como hemos descrito anteriormente).

  - *Reducir las tentaciones* evitando salidas a sitios en los que estarán expuestos a muchos de los artículos preferidos que no pueden tener. Por ejemplo, evitar llevarlos a una juguetería a comprar algo para otro niño, a menos que aceptes que también lo estás comprando para ellos.

+ **Soportes visuales**

– Utilizar una tarjeta de nota para prepararlos para *lo que tendrán* si aceptan un no o no piden cosas. Estas pueden ser representaciones de actividades divertidas programadas regularmente o acceso a juguetes, juegos o bocadillos (como una secuencia dibujada representada en "aceptar un no por respuesta" en El Libro de Fotos Sobre habilidades Sociales, Baker, 2019).

– Usar un *contador visual* para ayudar a los niños a saber cuándo podrán obtener lo que desean.

– Utilizar un *esquema escrito* para indicarle al niño cuándo tendrá lo que desea.

ENSEÑAR HABILIDADES PARA MANEJAR LOS DESENCADENANTES

+ **Explicar las recompensas escondidas por aceptar un no:** "Que otros estarán contentos y después querrán darte algo que quieres." Decirles no a jóvenes que tienen dificultad para solucionar problemas puede parecer el fin del mundo. Saber que en la tienda hay algo más que ellos desean, puede darles un motivo para mantener el autocontrol. Para practicar sobre "aceptar un no."

– Empieza con cosas que el niño realmente no desea. Haz que pida algo y luego dile que no. Incita al niño a decir "vale" y a no enfadarse. Alábale por aceptar un no y luego ofrécele otro artículo preferido o privilegio más tarde por haber aceptado el no.

– Incítale ante situaciones en las que tu podrías decir no a algo que realmente desea. Dile que, si acepta un no de forma calmada, más tarde le darás algo que desea. Dile o enséñale qué otra cosa puede tener (p.e. Acceso a sus juegos o juguetes más tarde).

INTENTA SISTEMAS DE RECOMPENSA O PÉRDIDA

+ **Parte de la habilidad para "aceptar un no" reside en la idea de que los niños tendrán otra cosa que desean por aceptar el no.** Estas recompensas pueden ser privilegios que normalmente obtienen como parte de su rutina normal. No obstante, también puedes usar un sistema de puntos para recompensas especiales, dándole puntos cada vez que los niños aceptan un no o no piden nada. Estos puntos pueden intercambiarse al terminar la semana por recompensas como un juguete nuevo, un juego o una salida especial.

+ Consecuencia de no salir con ellos otra vez al lugar donde se produjo la rabieta. Aunque podamos usar una distracción para que termine el derrumbe, deberíamos evitar darle al niño lo que desea, ya que eso aumentará la probabilidad de derrumbes en el futuro.

CONSIDERA ESTRATEGIAS BIOLÒGICAS Y FÍSICAS

+ **Tal como hemos dicho antes, el ejercicio vigoroso puede mejorar el humor y el autocontrol** y así aumentar temporalmente el deseo de aceptar un no.

+ **Cuando las intervenciones anteriores han fallado** y existe una dificultad con el control de los impulsos en muchas situaciones, limita gravemente la capacidad de comportarse el niño en casa o en la escuela, entonces puede pensarse en usar medicación junto con una exhaustiva evaluación por parte de un profesional sanitario.

De acuerdo, tiempo para dejar de jugar

"Apaga el televisor y ven a cenar." "El recreo ha terminado, volvamos al trabajo." "Te dije que apagaras el ordenador y que hicieras tus deberes." "No juegues más fuera, entra y báñate." Todas estas situaciones son comunes en que les piden a los niños que dejen de hacer algo divertido para hacer algo que lo es menos. Es una transición dura de hacer para la mayoría de los niños. Realmente era difícil para Tim.

Tim era un niño de doce años obsesionado con sus videojuegos. Rehusaba dejar de jugar a los juegos en casa cuando sus padres le pedían que fuera a cenar, a hacer los deberes o a irse a dormir. Cuando le decían que parase, buscaba evasivas diciendo, "un minuto más", y luego les gritaba a sus padres si continuaban diciéndole que parase. Si le quitaban el videojuego gritaba más fuerte diciendo, "¡os odio!" y empezaba a llorar. Su enfado podía durar una hora a menos que estuviera ocupado con otra cosa.

Sus padres habían intentado limitarles el acceso a los videojuegos durante la semana para evitar esas dificultades. Entonces Tim encontraba otra cosa que hacer, como ver la televisión, construir modelos o jugar fuera. El problema era que también rehusaba dejar de hacer estas otras actividades.

CAMBIAR LOS DESENCADENANTES

Para empezar, creamos un horario para jugar con una hora clara de parar que no era negociable. Después de terminar sus deberes, podía jugar hasta las 6:30 p.m., que era la hora de cenar. Después de cenar, podía jugar otros treinta minutos. Sus padres utilizaron un cronómetro y un horario escrito, de forma que no fuera ninguna sorpresa para Tim.

También facilitamos la transición desde las cosas más divertidas a las menos pidiéndole primero que hiciera las cosas más fáciles a la hora de parar de hacer una actividad. Por ejemplo, cuando le pedimos que apagara un juego y viniera a cenar, sus padres primero le pidieron que viniera a decorar su cena (le gustaba poner la comida en su plato). Esta era una primera tarea más fácil que pedirle que viniera y se sentara a la mesa. De forma similar, para ir a dormir, la primera cosa que le pedían era que cogiera qué libros quería leer (en vez de pedirle que hiciera algo menos divertido para él, como cepillarse los dientes).

ENSEÑAR HABILIDADES PARA MANEJAR LOS DESENCADENANTES

Le enseñamos a Tim que, si podía dejar de jugar a la hora fijada, sus padres confiarían en él y le dejarían jugar otra vez después. Por ejemplo, parar antes de cenar le permitía jugar treinta minutos después de cenar. Parar después de los treinta minutos tras la cena le permitirían jugar otra vez al día siguiente después de la escuela. Estaba aprendiendo que parar no era para siempre, y que parar a tiempo aseguraba que podría volver a jugar más tarde.

Usamos una ayuda visual para esta habilidad, mostrándole dibujos con señales en tarjetas de índices que indicaban como, si dejaba de jugar a su videojuego, sus padres estarían orgullosos y le dejarían volver a jugar más tarde. Sus padres volvieron a mostrarle los dibujos con señales justo antes de dejar que Tim jugara con el videojuego para prepararle antes de que estuviera demasiado inmerso en él. A veces, vemos que la recompensa por parar a tiempo es mejor que sólo oír las palabras, en especial para niños que no siempre atienden a los que dicen sus padres.

INTENTA SISTEMAS DE RECOMPENSA O PÉRDIDA

Además de la recompensa natural de volver a hacer una actividad después si Tim paraba a tiempo, sus padres también establecieron un sistema de puntos. Cada vez que Tim dejaba de hacer una actividad cuando se lo pedían, recibía un punto. Más tarde los puntos podían intercambiarse por recompensas a largo plazo, como comprar un juego nuevo o tener un privilegio especial durante el fin de semana. Esta era una forma concreta de reconocer los esfuerzos de Tim por dejar de hacer su actividad favorita a tiempo. Si rehusaba parar una actividad, se perdía volver a hacerla más tarde.

Los primeros dos días del programa, Tim no fue constante en mantener el horario. Después de ver que sí obtenía lo que quería cuando dejaba de hacer la actividad a tiempo, empezó a aceptar la rutina. Además, a medida que era más consciente de la importancia de parar a tiempo, fue capaz de llevar a la práctica esta habilidad en lugares más allá de su casa, como en la escuela y en salidas en familia.

Guía Rápida de Referencia para Problemas para parar una Actividad Divertida

CAMBIAR LOS DESENCADENANTES

+ **Sensor y estimulación.** A veces los niños están tan inmersos en una actividad que es difícil captar su atención. Los juegos de ordenador y la televisión proporcionan tanto estímulo, que los niños ni siquiera pueden oír a un adulto cuando les dicen que paren. Para captar su atención, puede ser necesario ponerse en el campo de visión de los niños. Entonces, habiéndoles advertido de antemano, apagar el televisor o el ordenador.

+ **Momento de la situación.** Los niños tendrán más capacidad de dejar de hacer una actividad cuando hay un fin natural para ello. Por ejemplo, si están jugando a un juego en el exterior, intenta dirigirlos a venir a dentro cuando el juego ha terminado. O si están mirando un programa de televisión, se da la orden de parar cuando se acabe el programa o cuando ponen anuncios.

+ **Dificultad de la tarea**

  – *Antes de que empiecen la actividad, marcar un horario* para cuando tendrán que parar.

  – *Recuérdales con antelación* que si paran a tiempo podrán volver a hacer la actividad más tarde.

  – Adviérteles de que se aproxima la hora de parar y usa un cronómetro.

  – *Haz que dejar de hacer una actividad sea más fácil programando otra actividad divertida.* Por ejemplo, en casa será más fácil dejar de jugar fuera si pueden entrar a jugar a un juego rápido en la mesa antes de cenar. En la escuela es más fácil volver a clase después del recreo si pueden hacer una actividad divertida en clase antes de hacer un trabajo más desafiante.

+ **Soportes visuales**
  - Utiliza un esquema visual que muestre cuándo deben dejar de hacer una actividad y cuándo pueden continuar haciéndola.
  - Usar un contador visual para ayudar a los niños a saber cuándo tendrán que parar.

ENSEÑAR HABILIDADES PARA MANEJAR LOS DESENCADENANTES

+ **Explica la recompensa escondida por dejar de hacer una actividad divertida:** "Otros confiarán en ti para hacer la actividad otra vez más tarde." Para practicar el dejar de hacer algo divertido:

+ **Empieza jugando con juegos que no les interesen demasiado** ya que será más fácil dejar de hacerlo. Entonces, diles de paren y guarda el juego, alabándoles por hacerlo. Explícales cuánto confías en ellos ahora y deseas dejarles jugar otra vez porque ves que pueden parar cuando es el momento.

+ **Recuérdales la habilidad** momentos antes de que empiecen actividades divertidas. Diles que, si paran en el momento que toca, confiarás en ellos para volver a hacer la actividad de nuevo más tarde.

INTENTA SISTEMAS DE RECOMPENSA O PÉRDIDA

+ **Además de recompensas naturales como volver a hacer la actividad favorita, puedes utilizar un sistema de puntos.** Se pueden dar puntos cada vez que el niño deja de hacer la actividad cuando se le pide. Estos puntos pueden intercambiarse al terminar la semana por recompensas materiales o privilegios especiales.

+ **Cuando se producen rabietas después de pedirles que dejen de hacer una actividad**, puedes limitar el acceso a esa actividad por algún tiempo. Explícales a los niños que no se podrá confiar en ellos para empezar una actividad si no pueden dejar de hacer la actividad cuando toca.

CONSIDERA ESTRATEGIAS BIOLÒGICAS Y FÍSICAS

+ **Estas estrategias se parecen a aquellas de las situaciones anteriores relacionadas con la espera.** El ejercicio vigoroso ha demostrado mejorar el humor y el autocontrol y así puede que aumente el deseo del niño de dejar de hacer una actividad divertida cuando se lo piden.

+ **Cuando las intervenciones anteriores han fallado** y existe una dificultad   con el control de los impulsos en muchas situaciones, limita gravemente la capacidad de comportarse el niño en casa o en la escuela, entonces puede pensarse en consultar a un profesional sanitario y considerar el uso de medicación.

9

AMENAZAS A LA AUTOIMAGEN

MAMÁ, NUESTRO EQUIPO PERDIÓ EL JUEGO DE FÚTBOL DE NUEVO DURANTE RECESO ... PERO AL MENOS MI CARTERA DE STOCK SUBIO OTRO 145% ESTE AÑO. CREO QUE COMPRARE MI PROPIO EQUIPO NACIONAL DE FÚTBOL.

A menudo los derrumbes ocurren cuando los niños creen que las situaciones problemáticas son el resultado de un déficit personal. Por ejemplo, gestionar el perder y cometer errores conduce a una mayor frustración si el niño atribuye estas situaciones a su falta de capacidad. De forma similar, si se le molesta, dará lugar a mayor frustración cuando el niño se cree las observaciones negativas de los demás. Todas estas situaciones son más fáciles de gestionar cuando los niños no se creen la información negativa acerca de sí mismos. En su lugar, deberían ver que perder o cometer errores es algo que hay que hacer con la situación desafiante, en vez de con sus propias capacidades. Pueden ver que molestar es un reflejo de los problemas que tiene la persona que molesta, en vez de un déficit en su persona.

Ganar no lo es todo

Shawn era un niño de ocho años de tercer grado que era un gran lector, era bueno académicamente, pero se peleaba con los juegos competitivos a pesar de su interés por los mismos. Shawn no podía tolerar perder ningún juego en casa o en la escuela. Tanto si jugaba a algún deporte, un juego de mesa o un juego académico en clase, Shawn gritaba cuando perdía, llamándose a sí mismo un "perdedor" y a veces tiraba las piezas del juego o las pelotas a los que estaban a su alrededor. Además, les chillaba a sus compañeros si estaba en un equipo perdedor en gimnasia o en la clase.

Ningún tipo de consolación parecía ayudar a Shawn cuando estaba en mitad de su enfado. La única cosa que parecía funcionar era si volvía a jugar y ganaba. Muchos otros estudiantes, así como su hermana y padres, no querían jugar con él porque sabían lo enfadado que se ponía.

CAMBIAR LOS DESENCADENANTES

Después de consultar con los padres, decidimos asignar a Shawn a actividades en las que fuera menos probable que tuviera problemas por perder, sea porque las actividades no eran competitivas o porque era ya muy bueno en ellas. Lo apuntamos a clases de natación en las que no tenía que competir con otros, y animaba su participación en torneos de ajedrez, ya que tenía grandes dotes en esto.

Con la escuela acordamos ayudarle a alejarlo de actividades más competitivas en el recreo y, en su lugar, hacerle jugar en las barras del gimnasio. No obstante, los deportes durante el rato de gimnasia continuaban siendo un desafío, ya que al principio continuaba llorando y enfadándose con sus compañeros cuando su equipo perdía.

ENSEÑAR HABILIDADES PARA MANEJAR LOS DESENCADENANTES

Le enseñamos a Shawn que siempre había dos juegos a los que jugaba, el deporte particular o de mesa, y el juego invisible de "amistad." Si perdía el juego de deporte y no se enfadaba, podía ganar un amigo y otros querrían jugar con él otra vez. Le convencimos de que mantener autocontrol y ganar amigos era mucho más importante que ganar en los juegos. También le explicamos que perder en un juego no significaba que no fuera inteligente o con talento. Volvimos sobre el tema de sus fortalezas y talentos y le explicamos que el resultado de los juegos no siempre era un reflejo de estas capacidades sino más bien debido a una combinación de suerte y esfuerzo.

La clave era ser capaz de utilizar estas habilidades para garantizar que sus padres y profesores le recordasen la importancia del juego invisible antes de empezar a jugar a otra cosa. No esperaron hasta que perdiera para volver sobre ello, porque para entonces ya estaría demasiado enfadado para escuchar.

INTENTA SISTEMAS DE RECOMPENSA O PÉRDIDA

Nosotros apoyábamos la importancia del autocontrol y de la amistad creando un sistema de puntos en casa que le hiciera ganar recompensas a Shawn (p.e. comprar un juego nuevo, un libro, un vídeo o un juguete) por mantener el control si perdía en un juego. De hecho, si Shawn ganaba en un juego recibía un punto, pero si perdía el juego y no se enfadaba, obtendría dos puntos. En otras palabras, Shawn obtendría más puntos por perder sin enfadarse que si ganaba en un juego. Para niños como Shawn, esto raramente conducía a un deseo por perder, sino que reducía la importancia de ganar.

Hicimos que la escuela crease una tabla de recompensas similares para la gimnasia. Si Shawn perdía en un juego y no se enfadaba, obtendría dos puntos. Si ganaba, obtenía un punto, y si perdía y se enfadaba, no recibía puntos. Los puntos iban a casa para añadirse a su sistema de puntos, donde podría cambiarlos por recompensas.

Después de dos semanas de ganar alabanzas y recompensas por gestionar el hecho de perder, la autoestima de Shawn creció y comentó cuanto mejor era el controlarse a sí mismo. Con la confianza recién descubierta, pronto fue capaz de tolerar el perder de forma agradable sin ninguna recompensa.

Guía Rápida de Referencia
Para problemas por perder

CAMBIAR LOS DESENCADENANTES

+ **Sensor y estimulación.** Muchas situaciones competitivas tienen un estímulo sensorial abrumador que contribuye a las dificultades de los niños por hacer frente a perder. El rato de gimnasia y de recreo a menudo son ruidosos, hace calor, implican mucho contacto físico y movimiento constante por parte de los compañeros. En este entorno caótico, perder un juego puede ser demasiado estresante. Puede ser necesario reducir el nivel de estímulos para aumentar la tolerancia a la frustración por parte de un estudiante:

– Piensa en jugar a juegos en una zona más tranquila con menos niños.

– Piensa en que el entorno del niño sea menos competitivo, con compañeros más cooperativos.

+ **Momento de la situación.** Los estudiantes podrán tolerar mejor perder cuando acaban de experimentar el éxito en otras áreas. Si ya están frustrados por alguna otra tarea, no es inteligente involucrarlos en actividades competitivas.

+ **Dificultad de la tarea**

– *Selecciona juegos en los que puedan destacar.* Conoce los puntos fuertes de tu hijo. No todos los estudiantes tienen que ser buenos deportistas: está lleno de juegos no atléticos a los que los estudiantes pueden jugar, como juegos de mesa, búsqueda del tesoro, seguir al líder, payasadas, veinte preguntas y otros juegos de adivinación.

– *Selecciona juegos que no sean competitivos.* Algunos niños disfrutan participando en fingir o en juegos de exploración, como escarbar en busca de gusanos, recoger rocas, fingiendo ser piratas o escapando de dinosaurios.

– *Pon énfasis en el valor de la deportividad* por encima del hecho de ganar. Antes de jugar a algún juego, padres y profesores pueden alentar a los niños a valorar la deportividad más que el ganar. Pueden concederse trofeos por llevarse bien en vez de por ganar.

+ **Soportes visuales** Coloca un recordatorio visual de la habilidad "gestionar el perder" en la zona de juego. Pueden ser palabras o dibujos que indiquen cómo perder en un juego sin enfadarse ayuda a hacer amigos. (Véase Baker, 2001 & 2003)

ENSEÑAR HABILIDADES PARA MANEJAR LOS DESENCADENANTES

Explica que todos jugamos siempre a dos juegos, un juego competitivo y el *"juego invisible" de amistad y autocontrol*. Si pierdes en un juego y no te enfadas, ganas en el juego invisible. El éxito en la vida a menudo depende mucho más del autocontrol y la amistad que de ganar en juegos competitivos.

+ **Revisa actividades en las que los niños destacan.** Explícales que no podemos ser buenos en todas las actividades en todo momento. Recuérdale al niño que por cada juego que pueda perder, lo ha hecho bien en otro momento.

+ **Recuérdale al niño justo antes de efectuar juegos competitivos** la importancia de ganar en el "juego invisible" de autocontrol y amistad. Explica que estás más interesado en si puede estar calmado más que en si gana en un juego deportivo o de mesa.

INTENTA SISTEMAS DE RECOMPENSA O PÉRDIDA

+ **Recompensa a los niños por mantener el control** cuando pierden en un juego. Puede usarse el sistema de puntos en el que obtienen más puntos por perder en un juego y permanecer calmados que por ganar. Los puntos pueden cambiarse por recompensas materiales o privilegios especiales. Si se producen rabietas después de perder, es mejor evitar los castigos. Sin embargo, si el niño ha hecho daño a otros o ha montado una escena, debería disculparse y recoger.

Está bien cometer errores

Maya era una niña de trece años con algunas ligeras dificultades de aprendizaje que le afectaban a la comprensión lectora y a las habilidades con las matemáticas. Siempre había sido muy dura consigo misma, aunque lo había hecho suficientemente bien en la escuela elemental sin haber recibido ninguna ayuda especial. Desde su paso a la escuela secundaria, la frustración de Maya con el trabajo se había intensificado. Cuando cometía un error, gruñía, se mordía las manos y se golpeaba a sí misma, a menudo hasta hacerse sangre. Tenía marcas en las manos de morderse, y costras en brazos y piernas de rascarse la piel.

Continuaba haciéndolo bien académicamente, a pesar de sus frustraciones. Sin embargo, eso hacía que la escuela fuera reticente a prestarle ayuda académica. Ella admitía abiertamente que no podía soportar cometer errores. Temía que cualquier error diera lugar a notas bajas y finalmente le impidiera llegar a la universidad. En casa, rompía sus deberes si hacía el menor error, lo que comportaba que sus padres fueran reacios a ayudarla con su trabajo. Cuando jugaba a juegos con sus compañeros, tenía problemas similares, mordiéndose la piel y a veces marchándose enfadada si cometía un error. Esto hacía que fuera difícil para ella hacer nuevos amigos, aunque había conservado un buen amigo desde preescolar.

CAMBIAR LOS DESENCADENANTES

A pesar de éxito académico de Maya, sus padres y yo convencimos a la escuela de que su nivel de frustración indicaba que necesitaba ayuda académica. Estaba lista para recibir una clase de soporte que la ayudase a prepararse para el contenido de lectura en distintas clases de forma que fuera menos probable que cometiera errores en la comprensión lectora. También le dieron ayuda con las matemáticas y tiempo extra en las pruebas para que pudiera comprobar su trabajo.

En casa, para reducir la probabilidad de cometer errores, les dije a sus padres que revisaran con ella cómo abordar sus deberes antes de intentarlo, en vez de sólo revisar su trabajo una vez hubiese terminado.

ENSEÑAR HABILIDADES PARA MANEJAR LOS DESENCADENANTES Y PROBAR LOS SISTEMAS DE RECOMPENSAS Y PÉRDIDAS

Después de consultar con sus padres y con un consejero escolar, todos trabajamos con Maya acerca de cómo ayudarla a interpretar sus errores. Le explicamos que no se suponía que tuviera que hacerlo todo bien, de otro modo no necesitaría estar en la escuela y que otros niños también cometían errores incluso si no lo decían. Además, le explicamos que sólo a través de los errores aprende la gente. Cuando hacemos algo bien, rara vez nos centramos en ello, pero cuando cometemos un error, nos fuerza a pensar acerca de lo que estamos haciendo para aprender más. Pusimos énfasis en que cuantos más errores hacemos, más aprendemos, pero el temor a cometer errores puede impedirnos aprender.

Entonces, les dije a sus padres que le pidieran que cometiera un error diario para que pudiera aprender algo. Le dijeron que le darían dos puntos cada vez que cometiera un error y no se enfadara, y un punto por sólo hacer su tarea sin cometer errores. Le pedimos a sus profesores de artes del lenguaje y de matemáticas que también nos dijeran cuando reaccionaba bien a cometer un error, de forma que pudiera recibir sus puntos.

Aunque los puntos podían cambiarse por recompensas y privilegios, Maya nunca pidió recompensas materiales. Estaba contenta con la cantidad de alabanzas que recibía de sus profesores y de sus padres por cometer errores sin enfadarse.

Maya continuó recibiendo asesoramiento para ayudarla a reducir su presión autoimpuesta por tener éxito y calmar sus preocupaciones sobre ir a la universidad (estaba sólo en la escuela secundaria). Con el trabajo enfocado a gestionar los errores, y una ayuda constante para reducir su perfeccionismo y preocupaciones sobre el futuro, Maya dejó de morderse y golpearse y generalmente parecía ser una persona más feliz. Incluso hizo otro buen amigo.

Guía Rápida de Referencia para problemas de errores

CAMBIAR LOS DESENCADENANTES

+ **Sensor y estimulación.** Los niños son más propensos a cometer errores cuando existen demasiados estímulos competitivos mientras están trabajando. Es importante tener una zona más tranquila donde trabajar, donde haya menos interrupciones por parte de otros.

   – Piensa en crear una zona libre de distracciones, usando una pizarra para hacer espacios de trabajo como cubículos en clase o en casa.

   – Algunos estudiantes pueden encontrar que una máquina de "ruido blanco" (como un aparato de aire acondicionado, o un televisor sin sintonizar) les es útil para eliminar ruidos que les distraen.

   – Algunos estudiantes encuentran que los parpadeos de la luz fluorescente les distrae y trabajan mejor con luz incandescente.

+ **Momento de la situación.** No deberían intentarse hacer tareas difíciles cuando el niño está demasiado cansado o hambriento, porque es probable que cometa errores.

+ **Dificultad de la tarea**

   – *Debes enseñar de antemano tareas difíciles* para que sea más probable que el niño no cometa errores durante la clase. Por ejemplo, los niños pueden volver a repasar las lecciones en clase, revisar capítulos del libro o conceptos matemáticos antes de que se les pida que participen en clase.

   – *No marque o corrijas el trabajo.* Si los niños cometen errores, no los señales; sólo repasa los conceptos con los que necesitan más ayuda. A medida que gana confianza, será posible empezar lentamente a corregir su trabajo de nuevo.

– *Haz que los niños revisen su propio trabajo* antes de entregarlo.

– *Descompón tareas grandes* en incrementos más pequeños y pídele al niño que haga sólo una pequeña parte para empezar.

– Cambia tareas recordatorias por tareas de *múltiple elección*. Por ejemplo, en una clase de historia, en vez de pedirle al niño que recuerde la razón por la que empezó una guerra en particular, proporciónale respuestas posibles y pídele que seleccione la correcta.

+ **Soportes visuales para evitar cometer errores**

– *Utiliza organizadores gráficos.* Pueden ser mapas visuales que resuman la información en formato web para ayudar a la comprensión y posterior recuerdo. Por ejemplo, se puede ayudar a un niño a resumir los puntos principales de una historia y mostrar con flechas cómo se conectan las distintas ideas. La web puede utilizarse para ayudar a comprender cómo se relacionan las ideas unas con otras y ayudarle a recordar la información después para poder escribir o hablar acerca del tema. (Véase el ejemplo a continuación.)

Mi salida escolar

– *Utiliza una tarjeta de nota o poster* para resumir los pasos necesarios para realizar una tarea en particular, como hacer un problema de matemáticas o un escrito, en vez de confiar sólo en instrucciones verbales.

- Pídele al niño que *repita las instrucciones* antes de hacer la tarea para aprender lo que hizo o lo que no comprendió.

ENSEÑAR HABILIDADES PARA MANEJAR LOS DESENCADENANTES

+ **Explica que está bien cometer errores; así es como aprendemos.** Nadie lo hace todo bien, de otro modo no habría nada que aprender.

+ **Intenta aprender de tus errores pidiendo ayuda y volviéndolo a intentar.**

+ **Cuanto antes corrijas un error, antes habrás terminado.** A algunos niños no les gusta corregir su trabajo porque les aparta del rato de jugar. Necesitan entender que corregir el trabajo requiere menos tiempo que discutir acerca del mismo.

+ **Modelar y representar la habilidad** para cometer errores a propósito son actividades simples como deletrear una palabra o resolver un problema de matemáticas.

INTENTA SISTEMAS DE RECOMPENSA O PÉRDIDA

+ **Recompensa a los niños por mantener el control** cuando cometen un error. Los sistemas de puntos pueden utilizarse para aquellos estudiantes que obtienen *más* puntos por cometer un error y continúan calmados que por hacer su trabajo sin cometer errores. Esto les ayuda a valorar cómo gestionar los errores más que tratar de ser perfectos. Los puntos pueden cambiarse por recompensas materiales o privilegios especiales.

+ **Evita utilizar el castigo** con niños que ya están frustrados por sí mismos.

CONSIDERA ESTRATEGIAS BIOLÒGICAS Y FÍSICAS

+ **Es más probable que los estudiantes cometan errores cuando tienen problemas de atención.** Algunos suplementos (p.e. Ácidos grasos omega 3) y ciertas medicaciones pueden ser eficaces para mejorar la atención en niños con ADHD. Además, el perfeccionismo persistente puede ser signo de un problema de ansiedad más penetrante, y ciertas medicaciones pueden reducir mucho la ansiedad. No obstante, las medicaciones siempre conllevan el riesgo de los efectos secundarios, así que la decisión de medicarles debería tomarse sólo cuando otras estrategias han fallado y sólo después de consultarlo ampliamente con un médico.

Pero los apodos nunca te van a herir

Mike era un niño inteligente de ocho años. Aunque sobresalía académicamente, no estaba inclinado hacia el atletismo, evitaba la mayoría de las actividades físicas y había terminado con sobrepeso. Además, tendía a monopolizar las conversaciones hablando con pasión sobre viejas películas. A menudo seguía explicando el argumento de las películas más allá del deseo de sus compañeros por escucharle. Mike no tenía amigos verdaderos en la escuela y generalmente se sentaba sólo a la hora de la comida. Como muchos niños de la escuela secundaria que no son buenos en actividades atléticas y cuyos intereses no coinciden parcialmente con los de los demás, se burlaban de Mike. La escuela secundaria a menudo es una época en la que los estudiantes hacen la transición entre la dependencia de sus padres y una mayor dependencia de su grupo de compañeros. En un esfuerzo por pertenecer a él, los compañeros a menudo se esfuerzan para cumplir y adoptar los intereses y valores de los demás, rechazando duramente a los que son distintos. Mike ciertamente era distinto y, desgraciadamente, un cabeza de turco para algunos de sus compañeros. Muchos chicos se burlaban de él, sin piedad, llamándole rarito, gay y "un friki de las películas", topándose con él en el pasillo y rehusando trabajar con él en clase.

Aunque las burlas no eran nada nuevo para Mike, ciertamente había empeorado cuando llegó a la escuela secundaria. Empezó a rechazar ir a la escuela, creando luchas de poder en casa que daban lugar a derrumbes por parte de sus padres y también de Mike.

Cuando sus padres pidieron a la escuela que solventara el problema de las burlas, la administración respondió sugiriendo que Mike recibiera asesoramiento para ayudarle a comportarse con los estresantes. Aunque el asesoramiento podría ayudarle a soportar mejor las burlas, eso no haría que dejaran de burlarse.

De hecho, Mike había tenido un asesor en la escuela en algunas ocasiones. Habían discutido cómo podía responder a las burlas, pero se quejaba de que ninguna estrategia funcionaba. Los niños continuaban burlándose de él. Desde mi punto de vista, el enfoque era corto de miras. No era tarea de Mike que dejaran de burlarse de él. Eran los profesores de la escuela, quienes, hasta ahora, no le habían protegido. El trabajo de Mike era simplemente.

Informar de cuando le hacían bullying y llegar a un punto en el que estos hechos ya no pudieran herir su autoestima.

CAMBIAR LOS DESENCADENANTES

La forma más importante de reconducir el problema de Mike era intentar frenar el bombardeo constante de las burlas. Yo les dí mi apoyo a los padres en sus esfuerzos por conseguir que la escuela hiciera dos cosas:

+ Confrontar y observar a los que acusados de las burlas.

+ Crear un programa de parejas líderes que rodearan a Mike con estudiantes que desearan defensarle de sí mismo y de los demás, y comprometerle socialmente durante la comida y otros ratos no estructurados.

A instancias nuestras, el personal de la escuela habló con los acusados de las burlas para hacerles saber que estaban siendo vigilados ya que los estudiantes habían informado de que estaban burlándose de los demás. No se les mencionó el nombre de Mike. Para que Mike o cualquier otro estudiante pudiera sentirse seguro informando de acoso escolar (bullying), no revelamos el nombre de los que informaban de dichos incidentes. Los que se burlaban fueron avisados de que se les detendría si continuaban haciéndolo. Lo que era más importante, con la aprobación de sus padres, se les proporcionó una gestión del conflicto y enseñanza de la empatía durante varias sesiones con un guía asesor.

Estas lecciones ponían énfasis en la tolerancia y la comprensión de los sentimientos de los demás.

Con ayuda de los consejeros guías, seleccionamos las potenciales "parejas de líderes", a quienes se les pidió que facilitasen interacciones para estudiantes que a menudo estaban aislados en el comedor y en otros ratos no estructurados. Se enviaron los formularios de consentimiento a sus padres. Luego, durante un periodo de comida, se les proporcionó enseñanzas para ser "parejas de líderes." Se les pidió que participaran una vez a la semana en un grupo de "grupo de comedor" en el centro guía, donde podían interactuar con otros estudiantes que pudieran "ser tímidos o necesitasen algo de ayuda para hacer nuevos amigos." De forma similar, se les pidió que ayudaran a proteger a esos estudiantes aislados durante el día en la escuela diciéndoles a los posibles burladores que parasen, o irían a buscar ayuda de un profesor si eran testigos de cualquier comportamiento burlesco. (Véase Baker, 2003 & 2006, en el que discuto establecer programas de emparejamiento de amigos con más detalle).

Las sesiones de asesoramiento individual también continuaron, así que Mike tuvo oportunidad de informar regularmente de temas recurrentes sobre bullying y continuar trabajando sobre las formas de gestionar las burlas. Además, el asesor ayudó a Mike a ser más consciente de su estilo de conversación, para que no se obsesionase con películas con aquellos a quienes no les interesara el tema.

ENSEÑAR HABILIDADES PARA MANEJAR LOS DESENCADENANTES

En las sesiones individuales con Mike, él y su asesor trabajaron sobre cómo gestionar las burlas. Le enseñaron los siguientes pasos:

1. Pedir si la persona hablaba en serio o sólo estaba bromeando.
2. Pensar que la persona que se burla es la que tiene el problema, no tú.
3. Decirle con calma a la persona que pare.
4. Si la persona continúa, alejarse.
5. Si la persona sigue burlándose o amenaza con hacerte daño, díselo a un adulto.

Los primeros dos pasos implicaban ayudar a Mike a proteger su autoestima. Descubrió que cuando otros se burlan, no significa que pasase algo "malo" con él. A veces los burladores sólo querían jugar (p.e. Cuando sus comentarios no eran sobre temas sensibles y trataban de conseguir que Mike se riera). Otras veces, los burladores trataban de herir a los demás estudiantes como resultado de sus propios problemas. Aprendió que los que se burlaban, a menudo se sentían impotentes en sus vidas y, así, trataban de usar la burla para ejercer poder sobre otros.

A continuación, Mike practicó permaneciendo calmado cuando respondía a las burlas, para no satisfacer a aquellos que querían que se enfadase. Lo más importante, se le enseñó la importancia de informar de acoso escolar (bullying) como un paso esencial para detenerlo. Aunque al principio era reacio a "criticar", Mike aprendió la diferencia entre la burla juguetona y el abuso verbal crónico, y la necesidad de informar de lo último.

INTENTA SISTEMAS DE RECOMPENSA O PÉRDIDA

La única recompensa utilizada aquí eran los efectos naturales de la intervención: que burlarse virtualmente paraba, aparte de un comentario jocoso ocasional.

Mike y sus padres dijeron ver un cambio marcadamente positivo en su actitud hacia la escuela. Ahora deseaba ir a la escuela para estar con amigos. Participaba con otros estudiantes, que previamente habían estado aislados, con el grupo de comedor rodeado por compañeros líderes. En gran parte,

Las parejas de líderes proporcionaron a Mike un entorno amigable, le protegieron del bullying dentro y fuera del grupo, pero no se convirtieron en "verdaderos" amigos fuera de la escuela. No obstante, alguno de los estudiantes más aislados que se habían unido al grupo de comedor, descubrieron que tenían muchos intereses comunes con Mike. Como resultado, Mike desarrolló una amistad muy cercana, con la que se reunía fuera de la escuela.

Protegiendo a Mike de acoso escolar (bullying) y creando oportunidades de amistad la experiencia de Mike en la escuela había mejorado muchísimo. Sus padres notaron que realmente era un niño mucho más feliz.

Guía Rápida de Referencia para gestionar las Burlas y el Bullying

CAMBIAR LOS DESENCADENANTES

+ **Dificultad de la tarea** La cosa más importante que podemos hacer para aligerar la carga de las burlas es prevenirlas y ayudar a desarrollar la ayuda de los compañeros para establecer un entorno seguro y amigable.

– *Establece y refuerza normas claras que prohíban las burlas abusivas.* En la escuela o en casa, esto significa hacer frente a los burladores acusados y hacerles saber que habrá consecuencias por agresión continuada.

– *Protege la confidencialidad de aquellos que informan de las burlas.* En las escuelas, es importante que el personal no revele el nombre de aquellos niños que informan de comportamientos de acoso escolar (bullying), para que los estudiantes se sientan seguros para decírselo a los adultos.

– Ofrezca capacitación sobre empatía y manejo de conflictos a los niños, especialmente a los acosadores que pueden no tener estas habilidades

– Es interesante que las escuelas que proporcionan esta clase de enseñanzas muestren reducción en el comportamiento de bullying, y también aumente el logro académico de los estudiantes (véase *www.casel.org* para revisar la investigación sobre estos programas). En casa, los padres necesitan enseñar a los hermanos formas de gestionar conflictos sin insultar.

– *Crea un programa de compañerismo para niños* que están aislados. Esto implica sensibilizar a los compañeros sobre las necesidades de los niños aislados y enseñarles a comprometerse y proteger a estos estudiantes. Hay ejemplos de programas de sensibilidad entre compañeros en mis manuales de habilidades sociales (Baker, 2003 & 2005).

- Da asesoramiento constante a niños que han sufrido burlas constantes, para comprobar si éstas continúan y enseñarles formas de gestionar los problemas entre compañeros.

+ **Soportes visuales** Utiliza una tarjeta de nota o lista de comprobación para resumir cómo resolver conflictos y responder a las burlas (véase los pasos sobre esta habilidad, a continuación).

ENSEÑAR HABILIDADES PARA MANEJAR LOS DESENCADENANTES

+ **Asegúrate de que el niño no esté haciendo cosas que provoquen a los demás.** Si ser autoritario o grosero con los demás contribuye a que se burlen de tu hijo, entonces éste debe aprender primero a dejar de provocar a los demás. Necesitarás explicar a tu hijo qué clase de palabras y acciones pueden molestar a los demás.

+ **Gestionar las burlas** El primer avance aquí es ayudar al niño a mantener la autoestima y no dejar que las burlas controlen cómo se siente. A continuación, se señalan los pasos para gestionar las burlas. Los dos primeros pasos ponen énfasis en que lo que dice el burlador no es necesariamente cierto, así quitamos algo de poder de sus palabras.

1. Preguntar si la persona hablaba en serio o sólo estaba bromeando.

2. Pensar que la persona que se burla es la que tiene el problema, no tú.

3. Decirle con calma a la persona que pare.

4. Si la persona continúa, alejarse.

5. Si la persona sigue burlándose o amenaza con hacerte daño, díselo a un adulto.

+ **Gestionar conflictos hablándolo.** Esta habilidad es más adecuada para situaciones en las que un amigo cercano o un familiar hizo o dijo algo que molestó al niño. Probablemente, los amigos cercanos y familiares se preocupan de sus sentimientos, así que es inteligente decirles cómo se siente el niño. No es una habilidad para usar con un burlador que no se preocupa de los sentimientos del niño. Cuando se trata de extraños o burladores, es mejor usar la habilidad de "gestionar las burlas" señalada anteriormente.

1. Haz un horario para hablar. A veces los demás no están listos para discutir un problema cuando tú lo estás.

2. Dile a la otra persona lo que quieres sin insultarla. Utiliza la forma "yo hago la afirmación":

"ME SIENTO _____ (palabra de sentimiento)

CUANDO TU _____ (lo que hicieron o dijeron)

PORQUE _____

LO QUE YO QUERÍA O NECESITABA ERA _____

(el motivo que te molesta)."

3. Escucha la opinión de la otra persona, de forma que puedas ofrecer soluciones que funcionen para ambos.

INTENTA SISTEMAS DE RECOMPENSA O PÉRDIDA

+ **Según la naturaleza del problema de burlas, quizá queramos recompensar a los niños por diferentes habilidades.** Piensa cuál de estos comportamientos quieres recompensar.

  – Gestionar las burlas de forma pacífica sin buscar venganza.

  – No provocar a los demás

  – Defender a los que son objetos de burlas.

+ **A los niños también se les puede recompensar en grupo por gestionar los conflictos de forma pacífica.** Por ejemplo, las familias pueden crear una "jarra de amabilidad", de forma que cada vez que los hermanos resuelvan un conflicto de forma calmada, los padres pongan una canica en la jarra. Cuando tengan suficientes canicas, los hermanos o grupos de niños puedan ser recompensados con una salida o celebración especial.

+ **Los niños que se burlan de otros después de haber sido advertidos repetidamente para que dejen de hacerlo, quizá necesitan perder un privilegio.**

10

DESEOS DE ATENCIÓN
NO SATISFECHOS

> NO LO ENTIENDO SEÑORA JOHNSON.
> CADA VEZ QUE ATACO A JOHNNY A LA
> TIERRA Y LO BABEO, NO QUIERE JUGAR
> CONMIGO MÁS.

Se han producido muchos derrumbes cuando a un niño sus padres, otros adultos o un compañero le han negado atención. En este capítulo vamos a examinar tres situaciones comunes que implican deseos de atención no satisfechos.

1. Cuando un niño quiere jugar, pero la otra persona no.

2. Cuando hay una competición por la atención de los adultos, como cuando los hermanos pelean por quién recibió más atención.

3. Irse a la cama por la noche. Esto es lo más complicado ya que implica el deseo de atención de los padres, el temor a separase de ellos, y tener que terminar de jugar, todo lo cual converge para crear enfados mayores.

Los niños que tienen problema para esperar en general también tendrán problemas para esperar por la atención de los adultos y, así, se podrán aplicar aquí también algunas de las estrategias del Capítulo 8. No obstante, la necesidad de atención puede darse en niños que de otro modo no tienen problemas por esperar. Obtener la atención parental, o ser capaz de pasar sin ella a veces, necesita más de una capacidad para esperar.

No puedo jugar contigo ahora

Cuando yo era más joven, me gustaba ver las películas de la Pantera Rosa, protagonizadas por Peter Sellers en el papel del torpe Inspector Clouseau. Siempre que Clouseau entraba en su casa, tenía que estar listo para los ataques sorpresa de kárate de su ayudante, Kato. Clouseau había dado instrucciones a Kato para que llevara a cabo estos asaltos inesperados para mantener al inspector en forma y preparado para cualquier cosa. Sin mucha advertencia, cuando mi hijo cumplió seis años, se convirtió en Kato. Tras un día largo y duro de trabajo, traspasaba la puerta hacia una casa en principio tranquila hasta que, de la nada, mi hijo saltaba sobre mí por detrás, me tiraba al suelo y se sentaba sobre mi cabeza. Mis órdenes de esperar hasta que hubiera podido dejar mi maletín y cambiarme de ropa, rara vez eran atendidas,

Su deseo de luchar y mi deseo de relajarme conducían a una lucha de poder recurrente. Si continuaba tirando y agarrándome a pesar de mis advertencias, le ponía en tiempo muerto. No obstante, a la noche siguiente volvía a la carga. Una noche yo estaba especialmente casado y no estaba de humor para jugar. Entre, le avisé de que no me atacara, ya que tenía que cuidar de unos papeles. El me agarró de todos modos, sonriendo mientras intentaba tirarme al suelo. Traté de ponerle en tiempo muerto, pero se resistió. Le amenacé con quitarle sus juguetes favoritos si no hacía un tiempo muerto. Después de una cantidad de lloros y gritos, se fue al tiempo muerto durante cinco minutos. Después, cuando estábamos los dos exhaustos, dijo, "Sabes, papá, solo intentaba jugar contigo. Casi no te veo cuando trabajas tanto."

Me di cuenta de que tenía toda la razón. Había continuado tratando de implicarme en el juego, sólo que no en la forma correcta. Aunque no me gustara la rutina de "Kato", se merecía pasar más rato jugando conmigo.

CAMBIAR LOS DESENCADENANTES

Mi hijo y yo acordamos que después de que yo dejase mi maletín y me cambiase de ropa, jugaría con él tan pronto como llegase a casa. Para cumplir con esto, me aseguré de terminar lo que necesitaba hacer antes de llegar a casa, incluso si esto significaba llegar veinte minutos más tarde. Acordamos varias actividades que nos gustaban a ambos. Esto incluía algo de lucha, siempre que ambos acordáramos jugar a luchar en vez de los ataques sorpresa de "Kato."

ENSEÑAR HABILIDADES PARA MANEJAR LOS DESENCADENANTES

Le expliqué a mi hijo que jugaría con él si me lo pedía amablemente, y estaba dispuesto a esperar hasta que yo estuviera listo. Cuando llegaba a casa, le pediría que preguntase, y entonces esperase al momento acordado. A medida que se tranquilizó al ver que yo realmente jugaba, su capacidad por esperar aumentó.

INTENTA SISTEMAS DE RECOMPENSA O PÉRDIDA

La recompensa natural por preguntar y esperar a jugar fue que tendría que jugar conmigo. Si, por otra parte, volvía a los ataques por sorpresa, le haría esperar diez minutos más para jugar conmigo.

En general, ambos estábamos más satisfechos y deseábamos nuestro rato de juego juntos. Varios años después de este periodo Kato, mi hijo y yo todavía jugamos al menos a un juego cada noche. Por fortuna para ambos, hemos pasado a juegos como el Uno, Ajedrez, Scrabble, y otras actividades calmadas antes de acostarnos.

Guía Rápida de Referencia para Problemas cuando Nadie quiere Jugar

CAMBIAR LOS DESENCADENANTES

+ **Sensor y estimulación.** Muchos niños que constantemente piden atención generalmente tienen necesidades de más estímulos. Se aburren rápidamente y no siempre saben cómo entretenerse solos. Así pues, es crucial que estos niños hagan actividades mientras esperan para jugar con otros. Algunos ejemplos pueden incluir:

  – Una caja "para hacer" que tuviera varias actividades de las que pudiera coger.

  – Acceso a juegos o actividades favoritas, tales como libros, rompecabezas o videojuegos caseros, que le ayuden a pasar el rato mientras esperan.

  – Ayudar a sus padres en algún trabajo, como ir a comprar verduras, hacer la cena, o poner la mesa.

+ **Momento de la situación.** Crear de forma regular horarios para jugar, de forma que los niños no tengan que seguir pidiendo. Además, los padres pueden querer terminar su trabajo antes de estar con sus hijos para poder estar totalmente disponibles para ellos.

+ **Dificultad de la tarea**

  – *Siempre que sea posible, reducir el tiempo de espera para obtener atención por parte de los demás.*

  – *Hacer que los niños ayuden a aquellos de los que necesitan que les presten atención:* Por ejemplo, los niños pueden ayudar a sus padres a terminar las tareas para que puedan ir a jugar más rápido.

  – *Emparejar niños con compañeros:* En las escuelas podemos crear programas de parejas de compañeros para que los estudiantes siempre tengan a alguien con quien jugar. Esto implica sensibilizar a los compañeros sobre las necesidades de los niños aislados y enseñarles a comprometerse con estos estudiantes. Hay ejemplos de programas de sensibilidad entre compañeros en mis manuales de habilidades sociales (Baker, 2003 & 2005).

+ **Soportes visuales** *Utiliza una tarjeta de nota o lista de comprobación* para recordarles a los niños como pedir a otros que jueguen y cuándo los demás estarán disponibles.

ENSEÑAR HABILIDADES PARA MANEJAR LOS DESENCADENANTES

+ **Enséñales cómo pedir y esperar para jugar.** A veces los niños se olvidan de pedir para jugar, y en su lugar empiezan comportamientos contraproducentes e irritantes para intentar que los demás se unan. Recuérdales a los niños los pasos siguientes para que consigan que los demás jueguen con ellos:

1. Elige gente y compañeros a quienes les guste jugar contigo. Evitar a aquellos que normalmente se niegan.

2. Pídeles a los demás si quieren jugar.

3. Si no están listos, pregúntales cuándo podrán jugar.

4. Encuentra otra actividad para hacer mientras esperas que los demás puedan jugar contigo.

5. Elige actividades que os gusten a ambos.

INTENTA SISTEMAS DE RECOMPENSA O PÉRDIDA

+ **Se puede recompensar a los niños pidiéndoles amablemente que jueguen y esperen pacientemente.** La mejor recompensa es pasar tiempo jugando con los niños. Se puede utilizar un sistema de puntos para pedir amablemente y esperar. Pueden usarse los puntos para comprar recompensas a largo plazo, como juguetes nuevos, juegos o privilegios especiales.

+ **Si los niños intentan atraer la atención de forma irritante o no esperan a pesar de que tú se lo recuerdes, la consecuencia natural sería retrasar el momento en que puedan**

jugar. Por ejemplo, cada vez que intenten atraer tu atención después de que tú les hayas pedido que esperen, puedes añadir minutos de tiempo de espera antes de jugar.

No seas celoso

La rivalidad entre hermanos tiene muchas facetas. Los niños discuten para ver quién es más rápido, más fuerte o más inteligente, a medida que esculpen sus propias identidades por separado. Luchan por el acceso a juguetes, comida y todos los recursos de la casa. Quizá el recurso más valioso por el que compiten es por la atención de los padres.

Laura era una niña de siete años que vivía con su hermano de ocho, Michael. Como muchos hermanos, tenían una relación de amor y odio. Eran los mejores amigos cuando conspiraban contra sus padres para robar caramelos a hurtadillas o salir fuera y jugar cuando se les había dicho que entrases. Sin embargo, también se peleaban por cosas como acceso al mando del televisor y quién se comería la última galleta. Laura parecía tener especiales problemas para tolerar situaciones en las que su hermano recibía atención especial de sus padres.

Durante el fin de semana, el padre de Laura entrenaba el equipo de fútbol de Michael. Cuando la familia iba a ver el juego, Laura se aferraba continuamente a su padre, interfiriendo en su capacidad para entrenar. Si su madre intentaba que hiciera otra actividad o se quedara en casa con ella, Laura gritaba y berreaba.

De la misma manera, si su padre o su madre se sentaban junto a Michael en un cine o en la mesa, Laura se ponía en medio para estar más cerca de sus padres. Si Michael trataba de volver a su posición, Laura gritaba intensamente y empezaba a golpear a su hermano, que al principio se vengaba y luego sucumbía a su derrumbe para parar la desdicha.

Siempre que Michael tenía un bocadillo de la nevera, una bolsa de regalos en una fiesta de cumpleaños, nuevas ropas para la escuela, u otro artículo, Laura quería asegurarse de que fuera suyo. "¿Cómo es que Michael tiene algo?" se quejaba. ¡No es justo! Recordarle que justo unos días antes ella tuvo algo, no le satisfacía. A menudo era imposible darle algo de igual valor según ella, en ese mismo instante, y continuaba agitándose y llorando. Sus padres trataron de ignorarla, pero continuaba atormentándoles. Después de unos veinte minutos, empezaban a quitarle juguetes o privilegios. Esto, solo hacía aumentar su sentido de la injusticia. Esto se había convertido en un problema repetitivo que sus padres ya no podían ignorar o tolerar.

CAMBIAR LOS DESENCADENANTES

Aunque el objetivo último era ayudar a Laura a tolerar periodos en los que no obtenía exactamente la misma atención o regalos que su hermano, con mi ayuda los padres reconocieron que podían evitar algunos de los problemas planeando cuidadosamente cómo atender a sus hijos. Primero, siempre que comprasen artículos para uno de los niños, trataban de coger algo para los dos. Segundo, de forma regular debían programar un rato exclusivo para Laura con sus padres, en especial cuando Michael tenía un evento especial con sus padres (p.e. los partidos de fútbol). Les sugerí que hicieran referencia a ello como "El Rato Especial de Laura" para subrayar que recibía atención extra de sus padres. Jugarían a los juegos favoritos de Laura, programarían una fecha de juego para ella o la llevarían al centro comercial o al cine mientras Michael estuviera en un evento o en un partido de fútbol.

Para la cena y cuando salieran al cine, yo ayudaría a la familia a establecer un esquema para saber de quién era el turno de sentarse entre los padres. Con preparación y con el esquema, Laura empezó a tolerarlo cuando Michael tenía el sitio preferido. También creamos un esquema para hacer un seguimiento de cuando Laura y Michael recibían artículos como ropas o regalos. Revisar el esquema ayudaba a Laura a darse cuenta de cuando Michael realmente no obtenía más tiempo que ella.

ENSEÑAR HABILIDADES PARA MANEJAR LOS DESENCADENANTES

Utilizando una cita de Rick Lavoie, un asesor famoso de discapacidades de aprendizaje, le enseñamos a Laura que "La justicia no significa que cada estudiante recibe lo que necesita" (Lavoie, 1989). Un profesor de Bayonne, New Jersey, me proporcionó una gran historia para ayudar a los niños a entender este concepto. Me dijo:

> "Imagina que un estudiante vuelve del recreo para decirle a su profesor que se ha cortado el dedo. El profesor dice, déjame lavar tu dedo y ponerte un vendaje. Entonces otro niño vuelve a clase quejándose de que le duele el estómago, así que su profesor le déjame lavar tu dedo y ponerte un vendaje. Entonces otro niño vuelve contento a clase sin ninguna queja, y el profesor le déjame lavar tu dedo y ponerte un vendaje." (Pat Berezny, personal communication, 2004).

Le preguntamos a Laura, "¿Qué está mal en esta historia?" Empezó a comprender que igual no siempre es justo. Le ayudamos a entender que ella y Michael necesitaban cosas distintas en distintos momentos. Aunque no siempre obtenían la misma cosa, tendrían lo que necesitasen. Le explicamos, "A veces, Michael tiene prendas para el colegio porque las desgasta y tu no. Y tú puedes tener "zapatos nuevos cuando los desgastas y Michael no. A veces Michael tendrá partido de fútbol que iremos a ver, y a veces tu irás a pasear con nosotros cuando Michael no lo haga." Esencialmente, ayudamos a Laura a entender que, al final, sus padres harían todo lo que pudieran para asegurarse de que tuviera lo que necesitase.

INTENTA SISTEMAS DE RECOMPENSA O PÉRDIDA

Laura fue recompensada con una gran alabanza y la promesa de recibir su propio "rato especial" con sus padres por tolerarlo cuando Michael recibiera atención. Si no era así, y continuaba incordiando y exigiendo a sus padres su atención inmediata, la ignorarían. Si, por ejemplo, hacía imposible por agarrarse a ellos o físicamente empujar a su hermano a un lado para estar cerca de sus padres, le explicarían que, puesto que exigía atención en ese momento, después cortaría su rato especial con ellos.

Por fortuna, una vez hubo confiado en que tendría su rato especial con ellos, Laura no siguió exigiendo la atención de sus padres. Además, con la ayuda de cartas visuales de cuando cada niño recibía artículos y se sentaba al lado de sus padres, Laura dejó de quejarse y aprendió que ninguno de los dos recibía más que el otro.

Guía Rápida de Referencia para los Celos de Otros para Captar la Atención

CAMBIAR LOS DESENCADENANTES

+ **Sensor y estimulación.** Los niños que requieren altos niveles de estímulo en general puede que exijan atención constante y expresen celos cuando se presta atención a otros. Es crucial que estos niños estén haciendo actividades que les mantengan estimulados cuando la atención no se centra en ellos. Algunos ejemplos pueden incluir:

 – Una caja "para hacer" que tuviera varias actividades de las que pudiera coger.

 – Acceso a juegos o actividades, tales como libros, videojuegos caseros, o DVD, jugadores que le ayuden a pasar el rato mientras esperan.

 – Ayudar a sus padres en algún trabajo, como ir a comprar verduras, hacer la cena, o poner la mesa.

+ **Momento de la situación.** Crear programas de "ratos especiales" de forma regular para niños, para que tengan la atención exclusiva de un adulto. Este puede sentar un rato para hablar, jugar o llevarle a algún sitio. De esta forma, los adultos pueden regular cuándo podrán prestarles atención en vez de ceder a las exigencias inmediatas de atención por parte del niño.

+ **Dificultad de la tarea**

 – *Cuando vayas a comprar un regalo para un niño, intenta comprar algo para todos los niños.* Incluso los cumpleaños pueden ser un momento en que los hermanos pueden tener un pequeño regalo para disolver toda la atención prestada al niño que cumple años.

 – *Cuando atiendas a un niño, programa un rato para hacer algo especial con otro niño.* Por ejemplo, si un niño tiene que sentarse con sus padres a trabajar en un proyecto escolar especial, establece un horario para hacer un proyecto o juego con el otro niño.

- *Intenta alternar ratos individuales con un niño con ratos con grupos, de forma que todos reciban atención.* Cuando un niño necesita ayuda con un proyecto, haz que todos los niños hagan un proyecto similar y ves pasando para ayudarles a todos

- *Haz que los niños se ayuden entre ellos, en vez que depender de la atención de un adulto.* Por ejemplo, si un niño más pequeño está aprendiendo a montar en bicicleta y uno mayor está celoso, haz que el niño celoso ayude al menor a aprender a montar. Dale muchos halagos al niño mayor por su capacidad de ayudar al más pequeño.

+ **Soportes visuales** Utiliza un esquema visual para enseñarle a cada niño cuando tendrá cierta clase de atención, para que pueda ver que ninguno tendrá más que el otro a largo plazo. Los esquemas pueden servir para ver quien tiene un rato a solas con uno de los padres o cuando los niños reciben ciertos regalos o tratamientos especiales.

ENSEÑAR HABILIDADES PARA MANEJAR LOS DESENCADENANTES

+ **Explica que la justicia no significa un tratamiento por igual.** "Justo" significa que todos obtienen lo que necesitan. Esta historia, tal como se ha descrito anteriormente, puede ayudar a tu hijo a entender el concepto.

"Imagina que un estudiante vuelve del recreo para decirle a su profesor que se ha cortado el dedo. El profesor dice, déjame lavar tu dedo y ponerte un vendaje. Entonces otro niño vuelve a clase quejándose de que le duele el estómago, y el profesor le dice, déjame lavar tu dedo y ponerte un vendaje. Entonces otro niño vuelve contento a clase sin ninguna queja, y el profesor le déjame lavar tu dedo y ponerte un vendaje." (Pat Berezny, personal communication, 2004).

Pregúntale a tu hijo, "¿qué está mal en esta historia?" Ayúdale a ver que estos estudiantes tienen necesidades distintas. Tratarles exactamente igual es estúpido. Ayuda a tu hija a entender que ella también tendrá lo que necesita.

+ **Al final, todos tienen lo que necesitan.** Esto es esencialmente la habilidad de esperar. Usar un esquema visual puede ser útil para que los niños puedan ver lo que no siempre es aparente para ellos: aunque tienen que esperar, finalmente reciben la atención que necesitan.

INTENTA SISTEMAS DE RECOMPENSA O PÉRDIDA

+ **Deberíamos halagar a los niños por tolerar que otros reciban atención.** Además, puede fijarse un rato especial cada día para que un niño reciba tiempo a solas con uno de los padres o con otro adulto.

+ **Cuando los niños intentan interferir en la atención que los adultos prestan a otros, deben ignorarse dichos intentos.** A veces los niños empujan o agarran físicamente a otros de forma que no pueden ser ignorados. En esos momentos, se les puede decir que la atención que exigen en ese momento cortará su rato especial con estos adultos más tarde.

Es hora de acostarse

Robin era una niña de cinco años. Su hermana tenía ocho años. Sus padres..., bien, se sentían como si tuvieran 100 años. No habían dormido mucho antes de venir a verme, porque Robin se resistía a irse a la cama y despertaba a sus padres temprano cada mañana. Hacía tiempo, sus padres habían establecido una rutina de acostarse que estaba funcionando bastante bien. Uno de sus padres le leía y le cantaba hasta que se quedaba dormida. Esta rutina empezó a desmoronarse algún tiempo después de que le habían quitado el chupete dos meses antes, a petición de su dentista.

Cada noche a las 8:00 p.m., se suponía que Robin se cepillaba los dientes, se ponía el pijama y se metía en la cama lista para el cuento. Como cada niña tenía su propia habitación, los padres se dividían para meter a cada hija en la cama.

Cuando sus padres empezaban la rutina diciendo, "hora de cepillarse los dientes", Robin se escapaba. Cuando la acorralaban, luchaba con sus padres hasta que podían cepillarle los dientes. Ponerle el pijama era igual de desafiante. Nada valía: cada prenda era incómoda para ella y la lanzaba al suelo. Después de otros treinta minutos o así, conseguían ponerle alguna ropa. Cuando finalmente estaba lista para irse a la cama, estaba llena de energía, saltando arriba y abajo, luchando con sus padres y alegando que no estaba cansada. Los esfuerzos de sus padres para leer, contar un cuento, o cantarle, no la calmaban y tenía una letanía de exigencias. "Tengo hambre. Quiero a papá, no mamá. Ponme la colcha encima, no, quítala. Tengo sed. ¿Puedo ir a tu habitación?"

Después de una hora así, sus padres apagaban la luz, le daban el beso de buenas noches, y le decían que vendrían a verla al cabo de un rato y se marchaban. Ella les seguía a su habitación. La volvían a llevar a la habitación, la besaban, y salían, prometiéndole que volverían a verla. Ella lloraba y gritaba, amenazando con despertar a su hermana. Con el miedo de tener a ambas niñas despiertas, los padres decidieron quedarse con ella en su habitación o a veces permitían que durmiera en la de ellos. Toda la rutina de acostarse duraba más de dos horas y dejaba a los padres irritados y exhaustos cuando finalmente podían dormir.

Por si esto no fuera suficiente, Robin se despertaba temprano y exigía a sus padres que jugaran con ella. Si la ignoraban, ella continuaba pateándoles o saltando sobre ellos hasta que le hacían caso.

Cuando compartieron su historia con otras familias, les dijeron que estaban dejando que Robin "gobernara el gallinero" y que tenían que ser más firmes con ella a la hora de acostarse y por la mañana. Algunos sugirieron quitarle privilegios por mantener despiertos a sus padres. Otros dijeron de intentar una aproximación positiva y recompensarla por quedarse en su habitación por la noche y no ir a la habitación de sus padres hasta tarde por la mañana. Pero las promesas de recompensas y amenazas de perder privilegios no concordaban con las ansiedades que conducían a Robin a pegarse a sus padres. No había recompensa o pérdida más poderosa que el alivio de Robin por estar cerca de sus padres por la noche y por la mañana. Para ayudarles a reconducir este problema necesitamos comprender mejor la causa de su necesidad nocturna.

Dado que el problema se había agravado después de que le hubiesen quitado el chupete, nuestra hipótesis era que había perdido su método primario de calmarse a sí misma por la noche y necesitaba aprender una manera de dormirse que no fuera confiando en sus padres. Robin también compartió conmigo y con sus padres que tenía miedo de la oscuridad, que oía monstruos en su habitación, y que no quería quedarse sola. Entendiendo sus temores específicos y con la falta de habilidades para calmarse por sí sola, ayudamos a diseñar un plan eficaz.

CAMBIAR LOS DESENCADENANTES

Para reconducir su miedo a la oscuridad y a los monstruos, hablamos con Robin acerca de cómo hacer que su habitación diera menos miedo por la noche. Añadimos una luz nocturna más brillante y la equipamos con una linterna que ella podía tener en su cama en caso de que pensase que veía u oía algo. También le explicamos todos los distintos ruidos que podía oír durante la noche, como sonaba el radiador, el aparato de hacer cubitos de hielo de la nevera también sonaba, y los suelos crujían cuando mamá o papá iban al baño.

Para ayudarla a sentirse menos sola, la abrumamos con sus peluches favoritos (además del que ya usaba para dormir) para que le hicieran compañía. Entonces creamos una cinta especial con la grabación de sus padres contándole algunos de sus cuentos favoritos y cantándole canciones de cuna. Le hicimos practicar usando la grabadora durante el día para que estuviera bien adaptada al utilizar las cintas por la noche.

Para ayudarla en los despertares tan tempranos, escribimos el número 7 en su cama, y le explicamos que ese era el primer número en su reloj digital antes de que pudiera ir a la habitación de sus padres. Llenamos su habitación con sus juguetes favoritos y un bocadillo para la mañana para que pudiera cuidar de sí misma si se despertaba demasiado temprano.

ENSEÑAR HABILIDADES PARA MANEJAR LOS DESENCADENANTES

La principal habilidad que Robin necesitaba aprender era cómo calmarse a sí misma para dormir. La única manera en la que aprendería eso era darle la oportunidad de hacerlo por sí misma. Le explicamos que nunca estaba sola realmente porque se tenía a sí misma. De hecho, le hicimos registrar su propia voz en una cinta diciendo, "nunca estoy sola porque tengo a mi mejor amiga, yo." Le enseñamos cómo rebobinar la cinta para escuchar sus cuentos, canciones y su propia voz tantas veces como quisiera.

Entonces, hicimos que sus padres hicieran el ritual de acostarse, cepillarse los dientes, ponerse el pijama, leer libros y cantar una canción, y darle el beso de buenas noches. El plan era dejarla con la grabadora, recordarle que podía escucharlos por sí misma y prometerle que volverían a verla cada poco rato. Después de un minuto, volvieron a comprobar, la besaron y le dijeron que volverían al cabo de dos minutos. Después de dos minutos, volvieron, la reconfortaron brevemente, y le dijeron que volverían al cabo de cinco minutos. Se les dio instrucciones de que continuasen comprobándola hasta que cuando volvieran la encontraran dormida. Esta estrategia de vigilar progresivamente es una variante del Método Ferber (Ferber, 1985 & 2006), que ha demostrado ser eficaz para ayudar a los niños a dormirse por sí mismos. Previamente, dejar a Robin a solas incluso durante dos minutos no había funcionado. Esperaban que, con la grabadora, la linterna y los peluches, hiciera el intento de consolarse.

INTENTA SISTEMAS DE RECOMPENSA O PÉRDIDA

Cada noche que Robin podía quedarse en su cama hasta las 7:00 a.m., de la mañana siguiente, recibía una etiqueta engomada. Tan pronto como obtuvo tres etiquetas engomadas, tendría un juguete nuevo. No se usaron pérdidas para las noches en que despertaba a sus padres; sólo que no ganaba una etiqueta engomada.

Robin estaba ansiosa pero excitada por probar su nueva grabadora y su linterna. Arregló cuidadosamente sus peluches alrededor de la cama.

Sus padres usaron el método Ferber de vigilar progresivamente, empezando por intervalos de un minuto, luego dos, luego cinco. Cuando probaron la primera noche de alargar el intervalo hasta diez minutos, su hija les estaba gritando. Así que mantuvieron el intervalo de cinco minutos la primera noche. Como ella confiaba, continuaron volviendo, se durmió después de treinta minutos. Esto era una gran mejora comparado con las horas que costaba las otras noches.

Por la mañana, Robin se despertó con sus juguetes favoritos y un bocadillo. Sus padres la oyeron usar el baño y volver a su habitación, donde jugó sola, tal como le habían dicho la noche anterior. Finalmente, los padres fueron a su habitación después de las 7:00 a.m., para besarla y abrazarla. Sus padres alabaron tremendamente sus esfuerzos por dormirse por sí misma y jugar de forma independiente durante la mañana. Robin estaba claramente orgullosa de haberlo conseguido, y le decía a cada visitante de la casa, lo que había hecho.

Loa noche siguiente usaron la misma rutina. Con el aumento de confianza de Robin de que podía quedarse dormida sin tener a sus padres en la habitación, pudo tolerar intervalos de diez minutos antes de que sus padres entraran a comprobar.

El plan funcionó bien y, después de una semana, sus padres dejaron de darle etiqueta engomada y nuevos juguetes. Los únicos contratiempos ocurrieron cuando iban de vacaciones y se alteraba la rutina nocturna. Al volver a casa, volvían a su patrón nocturno de comprobar si estaba dormida y como ella usaba su grabadora, su linterna y sus peluches, volvió a dormirse sin tener a sus padres en su habitación.

Guía Rápida de Referencia para Problemas para llevar a los Niños a la cama y Dejar Dormir a los Padres

CAMBIAR LOS DESENCADENANTES

+ Sensor y estimulación.

– Crear las condiciones adecuadas para dormir.

- Estar cansado por la noche depende de tener un día activo. El ejercicio temprano por la mañana y un día activo ayudará a aumentar la probabilidad de tener sueño por la noche.

- Habitualmente, la gente duerme mejor cuando la habitación está ligeramente más fresca que durante el día.

- Un ruido intermitente puede sobresaltar. Es imposible reducir el nivel de ruido, se pueden comprar máquinas de ruido blanco para bloquear los ruidos intermitentes, en especial los de la mañana cuando hay tráfico, pájaros u otros ruidos que pueden despertar a los niños demasiado pronto.

- Los niveles bajos de luz hacen tener sueño; pero los temores de los niños a la noche hacen que pueda ser necesario usar luces nocturnas y linternas, que pueden añadir una sensación de seguridad. Para los que se despiertan temprano, piensa en usar sombras que oscurezcan la habitación, para que no les despierte la luz.

- Ponles ropa de cama cómoda que vaya bien con las necesidades sensoriales de tu hijo (p.e., algunos quieren montones de mantas algodonosas, otros prefieren un colchón firme).

– Temas sensoriales para empezar la rutina nocturna

- Piensa si algo del ritual nocturno (p.e., cepillarse los dientes o el pelo, bañarse) son irritantes. Puedes empezar estos rituales más pronto, para que no se asocien a la hora de acostarse, o puedes alterar el estímulo (p.e., distintos sabores de dentífrico, desenredar el cabello con las manos en vez de con un cepillo).

+ **Momento de la situación.** Crear una hora previsible para empezar la rutina nocturna. Si los niños no están realmente cansados cuando llega la hora de acostarse, piensa en despertarles más temprano a la mañana siguiente para volver al ciclo en el cual estarán cansados a la hora de acostarse.

+ **Dificultad de la tarea.** Para reducir la dificultad de acostarse, necesitamos entender el motivo de los problemas a la hora de acostarse. Muchos niños pueden tener el hábito de confiar en sus padres para sentirse cómodos para dormir, y no saben cómo calmarse a sí mismos. A menudo, las dificultades tienen que ver con miedos (a la oscuridad, a los monstruos, a estar solos), falta de una rutina constante, pensar que se están perdiendo algo especial, o celos de otro niño que reciba atención mientras ellos duermen.

   – *Crea una rutina nocturna constante.* Es menos probable que los niños se resistan a estar listos para ir a dormir cuando hay una rutina predecible y termina con algún tipo de actividad placentera. Por ejemplo, podemos ofrecer el siguiente esquema: "Báñate, cepíllate los dientes, ponte el pijama, juega con tus padres y luego métete en la cama con un cuento."

   – *Gestionar el miedo a la oscuridad:* Habla con el niño sobre qué clases de luces nocturnas y linternas le ayudarán a sentirse más seguro.

   – *Miedo a los monstruos.* Averigua algo acerca de los ruidos que oyen o cosas que ven por la noche y que creen que son monstruos. Explícales cuáles son las fuentes reales de estos ruidos y visiones (p.e.,el radiador, aire acondicionado, alguien paseando en suelos que rechinan). Algunos padres también han creído útil dar a sus hijos "el atomizador anti-monstruos" (en realidad es agua en una botella en atomizador), fingiendo que esto les alejará de todos los intrusos. Ten cuidado al usar este último truco, ya que algunos niños pueden creer que sus padres dicen que los monstruos existen.

- *Miedo a estar solos.* Dales a los niños sus peluches preferidos para que les hagan compañía. Piensa en grabar una cinta o un video de ti y tus hijos con cuentos o canciones. Deja que tus hijos pongan estas cintas ellos mismos para ayudarles a dormir.

- *Utiliza la Espera Progresiva (el Método Farber) para ayudar a los niños a dormirse por sí mismos.* Ferber (1985 & 2006) daba un enfoque en el que dejaba a los niños despiertos después del ritual nocturno y entonces iba a verlos en periodos progresivamente más largos de tiempo, hasta que estaban dormidos. Por ejemplo, después del ritual nocturno normal, dile a tu hijo que volverás a verle al cabo de un minuto. Después de un minuto, vuelves y le reconfortas y luego le dices que vendrás a verle al cabo de cinco minutos. Ves aumentando el periodo de tiempo, hasta que se hayan dormido por sí mismos.

- *Para los despertares nocturnos.* Haz regresar a tus hijos a su habitación, reconfórtales brevemente, pero déjalos despiertos con las cosas que los hacen sentir seguros (p.e., peluches, grabadora, linterna), de forma que puedan continuar aprendiendo a quedarse dormidos por sí mismos. A veces los padres están demasiado cansados para devolver a sus hijos a la cama por la noche. Si este es el caso, piensa en poner un saco de dormir en tu habitación para que los niños duerman si vienen a tu habitación por la noche. Sólo recuerda, cualquier cosa que hagas de forma constante terminará convirtiéndose en un hábito.

- *Celos de otros hermanos.* Si están celosos de que los padres los dejen por la noche y presten atención a otros hermanos, puedes planear pasar un rato especial con ellos al día siguiente.

- *Dejar de hacer una actividad divertida para prepararse para acostarse.* Explícales a los niños que, si dejan de hacer algo divertido para estar listos para meterse en la cama, podrán hacer otra cosa divertida. Intenta crear una actividad divertida (p.e., jugar a un juego o leer un libro favorito) después de algunos de las "tareas" nocturnas (p.e., bañarse, cepillarse los dientes, ponerse el pijama), de forma que los niños estén motivados para cooperar.

+ **Soportes visuales.** *Utiliza un poster con fotos o palabras* para que vean la rutina nocturna. Asimismo, ayuda a los niños a leer un reloj para que sepan a qué hora pueden despertarte. Quizá tengas de dibujar la hora al lado del reloj para que puedan reconocerla cuando se haya hecho de día.

ENSEÑAR HABILIDADES PARA MANEJAR LOS DESENCADENANTES

Todas las estrategias descritas anteriormente están hechas para que sea más fácil para los niños ir a dormir según un horario y se queden en la cama hasta la mañana siguiente. Estas estrategias funcionarán mejor cuando podemos convencer a nuestros hijos de que quieran intentarlo. Lo siguiente describe los pasos para ayudar a tu hijo a usar las estrategias descritas anteriormente para reconducir su resistencia a ir a dormir.

+ **Ayuda a tu hijo a comprender por qué acostarse es un problema.** Explora con él si tiene miedo (p.e., de la oscuridad, monstruos o estar solo), celos de otros hermanos que estén despiertos hasta más tarde o no quieran dejar de hacer actividades divertidas.

+ **Haz que tu hijo colabore contigo en planificar formas de solucionar el problema.** Describe algunas de las estrategias señaladas anteriormente para reducir miedos, aliviar los celos o dejar de hacer actividades favoritas. Haz que tu hijo elija las estrategias que quiera intentar. Ganarte la opinión de tu hijo aumentará la motivación para intentar poner en práctica el plan.

INTENTA SISTEMAS DE RECOMPENSA O PÉRDIDA

Se les pueden dar etiquetas engomadas a los niños para añadirlos a otras recompensas, como juguetes o privilegios

especiales. Si ir a la cama a la hora fijada es un problema, entonces deberían darse etiquetas engomadas para eso. Como alternativa, si quedarse en sus camas es un problema, entonces pueden darse etiquetas engomadas por pasar la noche en sus camas. Lo que es más importante, hay que halagarles mucho por cualquiera de esos comportamientos, ya que los niños puedan estar orgullosos de su independencia. Debe evitarse el castigo para un niño que tenga miedo de estar en su cama, ya que esto puede aumentar la ansiedad para un niño que ya esté ansioso.

CONSIDERA ESTRATEGIAS BIOLÒGICAS Y FÍSICAS

+ **Hacer ejercicio pronto por la mañana y menos actividad por la noche está asociado con mejores patrones de sueño.**

+ **Hacer comidas copiosas justo antes de acostarse interfiere con el sueño.**

+ **Beber demasiado líquido también puede causar desper-tarse frecuentemente para ir al baño.**

+ **La melatonina puede ser un suplemento eficaz para ayudar a conciliar el sueño** (véase Pavonen, Nieminen Van Wendt et al.., 2003), pero siempre comprueba con tu pediatra antes de dar-les cualquier ayuda para dormir.

11

PENSAMIENTOS FINALES:
Encontrar tu propio camino

Una de las cosas más importantes que podemos hacer los padres y los profesionales es evitar los nuestros derrumbes y los de nuestros hijos es tener un plan. Este libro está diseñado para que sea un mapa para crear planes de prevención. Aunque he subrayado quince planes de muestra para que los tengas en cuenta, puedes diseñar el tuyo propio para reconducir los tipos específicos de situaciones que desencadenan los derrumbes de tus hijos.

El Capítulo 6 proporciona la plantilla para que puedas crear dichos planes. Proporcionamos un "Formulario de Plan de Prevención" en blanco en la página siguiente para que lo utilices para subrayar tus planes de prevención. Como siempre, el mapa no es el mismo que el territorio. No obstante, mi experiencia me dice que los que no se rinden encuentran su camino. Si tus hijos sufren derrumbes crónicos, encuentra los desencadenantes (Capítulo 5), cámbialos y enséñales maneras mejores de gestionar estos desencadenantes.

Al ayudar a tus hijos, intenta apreciar quienes son, en vez de desear lo que tu quisieras que fueran. Aunque siempre podemos enseñarles nuevas habilidades, tendremos que ajustar nuestras expectativas para estar en sintonía con quienes son por el momento.

Nuestros hijos siempre nos desafiarán. Aun así, si podemos tolerar este malestar sin culparnos a nosotros mismos o a nuestros hijos, podemos evitar nuestros propios derrumbes para poder ayudar a nuestros hijos a evitar los suyos.

Formulario del plan de prevención

CAMBIAR LOS DESENCADENANTES

+ **Cambios en estimulación sensorial.**

+ **Cambios en los momentos de la situación:**

+ **Cambios en la dificultad de la tarea**

+ **Soportes visuales utilizados**

ENSEÑAR HABILIDADES PARA MANEJAR LOS DESENCADENANTES

Situación desencadenante	Comportamiento problemático	Habilidades alternativas*
Demandas, esperar, amenazas a la autoimagen, deseos insatisfechos de atención		
¿Otros?		

INTENTA SISTEMAS DE RECOMPENSA O PÉRDIDA

+ **Recompensas:**

+ **Pérdidas** (utilizarlo sólo si la situación desencadenante ha sido modificada y al niño se le ha enseñado una forma mejor de manejar la situación):

CONSIDERA ESTRATEGIAS BIOLÒGICAS Y FÍSICAS

+ **Cambios en la dieta:**

+ **Ejercicio, meditación y otros modos físicos de relajación.**

+ **Medicación** (considerarlo sólo cuando las demás estrategias han fallado):

REFERENCIAS

Baker, J. E. (2001). The social skills picture book. Arlington, TX: Future Horizons, Inc.

Baker, J. E. (2003). Social skills training for students with Aspergers syndrome and related social communication disorders. Shawnee Mission, Kansas: Autism Aspergers Publishing Company.

Baker, J. E. (2005). Preparing for life: The complete guide to transitioning to adulthood for those with Autism and Aspergers Syndrome. Arlington, TX: Future Horizons, Inc.

Baker, J. E. (2006). The social skills picture book for high school and beyond. Arlington, TX: Future Horizons, Inc.

Carmichael, M. (2007, March 26). Health for Life: Exercise and the brain. Newsweek, 38-46.

Diener, C. I., & Dweck, C. S. (1978). An analysis of learned helplessness: Continuous changes in performance, strategy, and achievement cognitions following failure. Journal of Personality and Social Psychology, 36. 451-462.

Diener, C. I., & Dweck, C. S. (1980). An analysis of learned helplessness: II. The processing of success. Journal of Personality and Social Psychology, 39. 940-952.

Dweck, C. S. (1975). The role of expectations and attributions in the alleviation of learned helplessness. Journal of Personality and Social Psychology, 31. 674- 685.

Faber, A., & Mazlish, E. (2005). How to talk so kids will listen and listen so kids will talk. Collins.

Ferber, R. (1985). Solve your child's sleep problems. Simon & Schuster.

Ferber, R. (2006). Solve your child's sleep problems. Simon & Schuster.

Fermin, M., Hwang, C., Copella, M., & Clark, S. (2004, Summer). Learned Helplessness: The effect of failure on test-taking. Education, v124, n4, p688.

Goleman, D. (1995). Emotional Intelligence. Bantam Books, New York.

Kagan, J. (1994). Galen's Prophecy. New York; Basic Books.

Kingsley, E. P. (1987). Welcome to Holland. Essay posted on the Internet. Copyright Emily Perl Kingsley.

Kranowitz, C. S. (2006). The Out-of-Sync Child: Recognizing and Coping with Sensory Processing Disorder, Revised Edition, Perigee Trade.

Lavoie, R. (1989, January). Developing an educational philosophy: If you don't stand for something, you'll fall for anything. Journal of Learning Disabilities.

Lebow, J. (2007). A look at the evidence: Top 10 research findings of the last 25 years. Psychotherapy Networker, Vol. 31 (2). March/April issue.

Miller, M.C. (2007, March 26). Health for Life: Physical activity and your moods. Newsweek, 48-55.

Oberman, L. M., Hubbard, E. M., McCleery, J. P., Altschuler, E. L., Pineda, J. A., & Ramachandran, V. S. (2005). EEG evidence for mirror neuron dysfunction in autism spectrum disorders. Cognitive Brain Research, Vol. 24, pages 190-198.

Pavonen, E. J., Nieminen-VanWendt, T., et al. (2003). Effectiveness of melatonin in the treatment of sleep disturbances in children with Asperger disorder. Journal of Child and Adolescent Psychopharmacology, 13(1): 83-95.

Sinn, N., Bryan, J., (2007). Effect of supplementation with polyunsaturated fatty acids and micronutrients on ADHD-related problems with attention and behavior. Journal of Developmental & Behavioral Pediatrics, 28(2), 82-91.

Thomas, A., & Chess, S. (1977). Temperament and Development. New York: Brunner/Mazel.

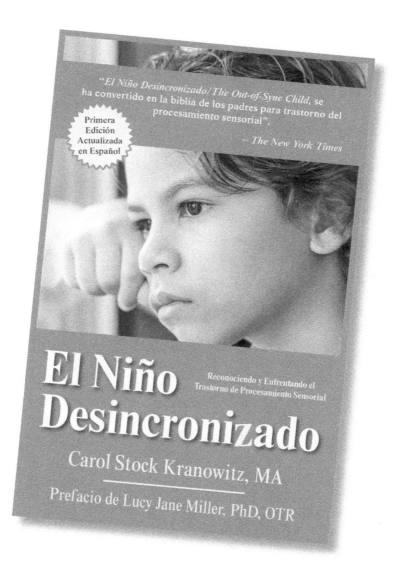

CPSIA information can be obtained
at www.ICGtesting.com
Printed in the USA
BVHW032335081119
563361BV00001B/1/P

9 781949 177275